Bangladesch

lieben lernen

*Der perfekte Reiseführer für einen unvergessli-
chen Aufenthalt in Bangladesch inkl. Insider-
Tipps, Tipps zum Geldsparen und Packliste*

Bianca Grapengeter

✈ INHALT

Das erwartet Sie in diesem Buch

Ich möchte Ihnen über eine spontane 14-tägige Reise nach Bangladesch berichten, zu der ich mich entschlossen habe, um dem alljährlichen Weihnachtswahnsinn im Dezember zu entfliehen. Wir alle lassen es uns gut gehen, werden in dieser Zeit des Jahres reichlich beschenkt und wollen trotzdem immer mehr und mehr.

Aber wer denkt an die Menschen, denen es zu dieser Zeit ganz anders geht? Bangladesch gehört zu den ärmsten Ländern der Welt. Es ist eines der Länder, das einen großen Teil zur Textilindustrie beiträgt, damit wir uns hierzulande reich beschenken können. Doch wie feiern die Einheimischen dort Weihnachten? Und warum können die Menschen dort lachen? Über all das werde ich Ihnen berichten.

Sie werden in diesem Ratgeber auch erfahren, was Bangladesch zu bieten hat, was dieses Land ausmacht und welch wunderschöne Erfahrungen man in einem Land machen kann, das vom Tourismus sehr unberührt ist.

Erste Gedanken zu Bangladesch

Bangladesch, ein Land in Südasien, wird von den meisten Menschen mit der Textilindustrie in Verbindung gebracht. Das Land ist nach China der zweitgrößte Textilproduzent der Welt. Nur ist Bangladesch mit einer Fläche von 147.570 km^2 bedeutend kleiner.

Oft wird einem bei dem Gedanken, dass die Menschen dort Tag und Nacht arbeiten und das für gerade mal 40 Euro im Monat, mulmig zumute. Denn Bangladesch gehört zu den Niedriglohnländern dieser Welt. Trotz der vorherrschenden Ausbeutung ist die Textilindustrie ein sehr bedeutender Wirtschaftsfaktor für das Land. Denn diese hat zum Abbau der Armut geführt, damit eine höhere Lebenserwartung geschaffen und auch zur Senkung der Kindersterblichkeit beigetragen. Aber sind die Menschen dort glücklich? Und was verführt zu einer Reise nach Bangladesch? Ich werde es herausfinden.

Schon oft bin ich in Asien gewesen, habe Inseln wie das schöne Borneo gesehen, war in Sri Lanka und auf den Malediven. Überall war ich von schöner Natur umgeben, das Meer nie weit und die Menschen waren aufgeschlossen. Oft sah ich dort auch Armut. Aber kann ich auch mit der Dimension der Armut in Bangladesch umgehen? Kann ich mit der Dichte der Menschen von etwa 165 Millionen Einwohnern umgehen?

Die Fragen und all die Herausforderungen, die auf mich warten, nehme ich als einzigartiges Abenteuer an. Denn genau das wird diese Reise: ein Abenteuer!

Es ist mir ein Anliegen, all das, was man für gewöhnlich über Bangladesch hört und liest, selbst zu erfahren. Ich möchte das größte Mangrovengebiet der Welt sehen, die bunten, pulsierenden Märkte und die Teeplantagen. Vor allem möchte ich aber Menschen begegnen, denen Weihnachten womöglich ebenso egal ist wie mir, da die Mehrheit der Bevölkerung islamisch geprägt ist. Rund 90 Prozent aller Bengali (so lautet die Bezeichnung für die Einwohner Bangladeschs) gehören dem Islam an. Somit ist dieser die Staatsreligion. Der Hinduismus ist mit etwa 9% der Gesamtbevölkerung die zweitgrößte Religion Bangladeschs und der Buddhismus steht mit einer geschätzten Anhängerzahl von 0,7% (etwa eine Million Menschen) an dritter Stelle.

Die meisten Einwohner sprechen ihre Muttersprache, die „Bangla" oder „Bengalisch" genannt wird. Diese gehört zu den am häufigsten gesprochenen Sprachen auf der ganzen Welt. In Bangladesch sprechen sie 98 von 100 Menschen. Diese Sprache muss man einfach einmal gehört haben, auch wenn man diese natürlich nur als Klang wahrnimmt, ohne die Worte und deren Bedeutung zu verstehen.

Und so bereite ich also mich auf mein Abenteuer vor. Ich möchte dem Weihnachtswahnsinn entfliehen und stattdessen die Schönheiten am Ganges erkunden – etwas, dass sich wahrscheinlich nicht viele Touristen zutrauen. Meine Vorbereitungen finden im Dezember in Deutschland statt. In einem Land, in dem ich mit rund 83 Millionen anderen Menschen lebe und in dem es den Einwohnern verhältnismäßig gut geht. Die meisten leben hier mit einem Dach über dem Kopf, festem Boden auf ihren Wegen und besitzen mehr als fünf Kleidungsstücke. Aus den Schränken lachen uns bunte Farben entgegen und wir überlegen nur allzu oft, was wir heute bloß anziehen sollen, weil wir uns selbst zu wichtig sind. Doch keiner schenkt dem eingenähten Schild mit der Aufschrift „Made in Bangladesh" nähere Beachtung.

In Bangladesch wurde dieser Stoff zuerst von Frauen und Kindern in den Händen gehalten, um ihn für uns in die gewünschte Form zu bringen – und dass, weil ihnen ihre eigene Familie wichtig ist! Vielleicht auch, um unser Herz höher hüpfen zu lassen mit schönem Lila.

Ihre Familien sehen die meisten Näher*innen tagsüber allerdings nur ca. 2 Stunden, denn 12 Stunden am Tag arbeiten sie und dass für nur 40 Euro im Monat. Und warum? Damit wir in den Läden immer neue Farben sehen, die uns Freude bereiten – wenn auch oft nur für einen kurzen Moment. Ganz egal, wie viel wir dafür ausgeben: Diese Menschen verdienen 1,30 Euro am Tag!

Unser Leben ist geprägt von Schnelllebigkeit, wir sind kurz zufrieden, aber dieses Gefühl wird nie gestillt. Auf dem Rücken von Menschen, die nicht gesehen werden (wollen), leben wir unseren scheinbaren Frieden und betrachten unser Gegenüber ganz genau. Angesteckt vom Geschmack der Freundin wollen wir dasselbe Lila auch an uns sehen. Und in diesem sitzen wir dann viel zu oft bei unseren Familien an Weihnachten und setzen ein lügnerisches Lächeln auf. Aber vielleicht bringt das was und wir bekommen den tollen Mantel geschenkt, den wir bei Zalando gesehen haben.

Und das, während in Bangladesch eine junge Frau aus vollem Herzen eine Träne weint, weil sie ihren Sohn nicht sehen kann. Und wir blicken ungläubig drein, wenn das Geschenk an uns ein selbstgehäkelter Schal von Oma ist, der auch noch Bommeln an den Fransen hängen hat. „Wie sie das bloß gemacht hat? - Naja egal! Danke, Oma!" Aber wer dankt der weinenden Frau?

Kein „Danke" ist so laut, dass es bis Bangladesch schallt und dennoch gilt das Land trotz seiner Tränen, seiner Armut, der Ausbeutung und des Hochwassers auch als eines der glücklichsten dieser Welt. Die für uns unsichtbaren Gesichter lachen ehrlich. Und Bangladesch hat eine Kraft, die es nicht einzuschätzen weiß, damit wir hier so funktionieren können. Ich bin gespannt wie sich das Land dem ganzen schlägt und bin so froh, in ein paar dieser Gesichter schauen zu dürfen und hoffentlich mit ein wenig Glück angesteckt zu werden.

Bangladeschs Geschichte

Wenn ich von Bangladesch spreche, denken die meisten, das Land sei ein Teil von Indien. Der Gedanke ist auch nicht ganz falsch, denn die Geschichte von Bangladeschs ist noch jung. Bangladesch ist ein Staat in Südasien. Das Land grenzt im Süden an den Golf von Bengalen, im Südosten an das heutige Myanmar und zu einem großen Teil an Indien. Der Begriff „Bangla" ist abgeleitet von der Region Bengalen und „Desh" bedeutet ins Deutsche übersetzt „Land".

Im Jahre 1947 endete die britische Kolonialherr-
schaft im indischen Subkontinent. Dies führte zur
Gründung der unabhängigen Staaten Indien (hindu-
istisch geprägt) und Pakistan (muslimisch geprägt).
Pakistan selbst war bis zum Jahre 1971 in Westpa-
kistan (dem heutigen Pakistan) und Ostpakistan ge-
teilt.

Zwischen beiden Staaten gab es viele Uneinig-
keiten und Ostpakistan forderte die Unabhängigkeit.
Es kam zum Krieg, den Ostpakistan mit indischer
Unterstützung gewann. Das Land wurde 1971 unabhängig, erhielt den Namen „Bangladesch" und war
zunächst ein demokratisches Land. Das änderte sich,
als im Jahre 1975 der Regierungschef ermordet
wurde. Das Land unterlag bis 1990 einer Militärdik-
tatur. Heutzutage herrscht in Bangladesch zwar wieder Demokratie, aber das Land ist gezeichnet von
Unruhen und Korruption.

Die Landschaft ist flach und es münden drei
große Flüsse in den Golf von Bengalen, einem Rand-
meer des Indischen Ozeans: der Ganges, Brahma-
putra und der Meghna. Durch die Schneeschmelze
im Himalaya kommt es jährlich zu Flut- und Hoch-
wasserkatastrophen. Auch Obdachlosigkeit und
Hungersnöte lösen große Unzufriedenheit in der Bevölkerung aus. Die Umweltkatastrophen und das

rasante Bevölkerungswachstum verhindern eine Besserung der Situation. Damit Sie eine bessere Vorstellung davon bekommen: Bangladesch hat etwa doppelt so viele Einwohner wie Deutschland, ist aber nur halb so groß.

Am 21. Februar wird der Internationale Tag der Muttersprache, der an die sprachliche und kulturelle Vielfalt erinnern soll, gefeiert. Unsere bengalischen Freunde und Gastgeber waren überrascht, dass dies bei uns nicht bekannt ist, denn in Bangladesch ist dies einer der bedeutendsten Feiertage.

Die Bangladeschi sind stolz auf ihre Sprache. Auch der erste asiatische Literaturpreisträger Rabindranath Tagore kam aus der Region, dem heutigen Kalkutta (Indien) und schrieb auf Bengali. Doch im Jahr 1952, als Bangladesch noch zu Pakistan gehörte, sollte die einheitliche Sprache Urdu als allgemeine Amtssprache eingeführt werden. Dagegen kämpften bangladeschische Studenten. Man spricht heute von dem einzigen Krieg, bei dem es um die Sprache ging. Ein Denkmal in Dhaka erinnert daran, dass während der Demonstration im Februar 1952 diese Studenten für den Tag der Muttersprache gelebt haben und dafür gestorben sind. Seit 2000 wird der Internationale Tag der Muttersprache auf Vorschlag der UNESCO festgeschrieben.

Essen und Wasserversorgung

In Bangladesch gibt es eine sehr vielfältige Küche. Da die meisten Menschen aber sehr arm sind, können sie sich nicht alle notwendigen Zutaten leisten. Die ärmsten von ihnen, bei denen es oft darum geht, irgendwie satt zu werden, ernähren sich vor allem vom wichtigsten Nahrungsmittel überhaupt: dem ungewürzten Reis.

Auch sauberes Trinkwasser gibt es nicht überall. Oft sieht man Händler, die Wasser verkaufen. Vor allem als Tourist muss man aber darauf achten, kein Trinkwasser von der Straße zu kaufen. Es ist

wirklich große Vorsicht geboten, da das verunrei-
nigte Wasser zu Krankheiten wie Typhus führen
kann. Darum wird auch empfohlen, keine Getränke,
die Eiswürfel enthalten, zu trinken und nur ver-
schlossene Wasserflaschen aus dem Supermarkt zu
kaufen, da man diese bedenkenlos trinken kann.
Auch in den meisten Hotels bekommt man täglich
kostenlos ein bis zwei Flaschen mit Wasser aufs Zimmer gebracht. Dies ist für das Zähneputzen sehr
nützlich und wichtig, denn auch in den Leitungen
fließt oft verunreinigtes Wasser, das zum Waschen
jedoch genügt.

In Bangladesch gibt es allein 60 verschiedene
Sorten Hülsenfrüchte. Diese sind ein wichtiger Bestandteil der Ernährung, denn sie sind überaus ge-
sund und reich an Nährstoffen. Verarbeitet werden
sie auf ganz unterschiedliche Art und Weise. Die einheimische Küche des Landes ist sehr scharf und es
werden hauptsächlich dieselben Gewürze wie in Indien und Pakistan verwendet. Zu diesen zählen Ko-
riander, Knoblauch, Kreuzkümmel, Ingwer und
gerne auch scharfes Chili, um das Essen abwechs-
lungsreich zu machen.

Der Speiseplan ändert sich je nach Region. So
wird im Süden beispielsweise häufig Fisch aus dem
Meer konsumiert, da dieser Teil des Landes an den

Golf von Bengalen grenzt. Aber auch im Nordosten isst man Fisch. Dieser wird aus den Flüssen des Landes gewonnen. Sehr süße Speisen sind ebenfalls sehr beliebt. Nachfolgend möchte ich Ihnen einige typische Speisen und Getränken der bengalischen Küche vorstellen:

Ein typischer Snack für zwischendurch heißt „Pakora" und besteht aus Mehl, Karotten, Chili und anderem Gemüse. Häufig wird dieser Snack in kleine Tüten auf der Straße verkauft.

Ein sehr leckeres Joghurtgetränk nennt sich „Lacchi". Die Zutaten sind süßer Joghurt, Eiswürfel und Zucker. Diese werden im perfekten Verhältnis zueinander allesamt in einem Mixer gemischt. Oft gibt es dieses Getränk auf Märkten, an kleinen Ständen oder Restaurants.

Ein weiteres Getränk ist der „Papaya Lassi ala Kuta-Bali". Dies ist ein erfrischendes indisches Getränk und wird auf balinesische Art zubereitet. Perfekt für heiße Tage, da das Getränk kalt serviert wird. Die Zutaten sind Papaya, Joghurt, Vollmilch, cremige Kokosmilch, Orangensirup, Vanilleextrakt, Salz und Limonensaft. Auch dieses Getränk gibt es oft auf Märkten, an kleinen Ständen oder Restaurants.

Ein herzhaftes Getränk nennt sich „Burhani" und besteht aus Joghurt und scharfen Gewürzen. Dieses Getränk können Sie ebenfalls auf der Straße, an kleinen Ständen und in kleinen Restaurants konsumieren.

„Chana Masala" ist ein beliebtes veganes Gericht, welches aus dem Norden Indiens stammt und hauptsächlich aus Kichererbsen, Zwiebeln und Tomaten in einer feinen Mischung aus exotischen indischen Gewürzen besteht.

Oft wird auch Reis mit Hähnchen- oder Rinderfleisch in einer Soße eingelegt und dann zusammen mit Zwiebeln serviert. Dazu gibt es meist Reis oder Kartoffeln.

Ein wichtiger Bestandteil der einheimischen Küche ist „Panch Phoron". Dies ist eine traditionelle bengalische Gewürzmischung, die zu gleichen Teilen aus Fenchel-, Schwarzkümmel-, Kreuzkümmel-, Bockshornklee- und Senfsamen besteht. Diese Mischung kann ganz fein gemahlen werden und wird traditionell zum Würzen von Gemüse eingesetzt.

Vorbereitungen & Budget

Als Vorbereitung auf meine Reise informierte ich mich im Internet über Bangladesch und las Reiseberichte. Außerdem tauschte ich mit Personen aus, die entweder selbst schon dort waren oder Menschen kannten, die das Land bereist haben.

Ich schaute mir Bilder an, von denen ich nicht genug kriegen konnte. Vieles faszinierte mich. Die breiten Straßen gefüllt mit Fahrradrikschas. Die vollen Züge, auf denen die Mitreisenden sogar auf den Dächern saßen. Die sich im heiligen Ganges waschenden Menschen. Und von den überragenden Naturfotos mal ganz zu schweigen. In den Sunderbans kann man Tiger bestaunen. Hügellandschaften und Mangroven kann man sehen. Ich bestaunte im Internet fantastische Bilder von Teeplantagen in Sylhet und erfuhr, dass Bangladesch in Cox's Bazar den längsten Strand der Welt hat. In der eher dörflich anmutenden Stadt Bogra ist man den Menschen besonders nah. Wofür soll ich mich nur entscheiden? Bangladesch hat so viel zu bieten und ich nur so wenig Urlaubstage. Nach vielem hin- und herüberleben entwickelte sich schließlich folgender Plan:

Ich beschloss, die ersten vier Tage in Dhaka, der Stadt mit der höchsten Bevölkerungsrate der Welt zu bleiben. Von dort aus würde ich nach Bogra reisen, dort vier Tage bleiben und dann nach Sylhet fahren, um fünf Tage Natur zu genießen und schließlich Sylvester in absoluter Stille zu erleben. Zu turbulent war doch das ganze Jahr. Um spontan bleiben zu können, habe ich mir im Vorfeld keinen Transfer von Ort zu Ort gebucht, denn so etwas kann man immer auch im Land organisieren. Zum Abschluss der Reise würde ich noch zwei Tage in Dhaka verbringen und dann zurück nach Deutschland reisen.

Meinen Flug habe ich im Internet über die „Idealo Flugsuche" gebucht. Dies ist ein Online-

Vergleichsportal, das die günstigsten Flugangebote heraussucht und auflistet.

Die günstigen Angebote von Deutschland nach Bangladesch gibt es ab Frankfurt. Der Zielflughafen liegt in Dhaka, der Hauptstadt von Bangladesch. Je nach Saison zahlt man für Hin- und Rückflug insgesamt zwischen 400,00 und 1.000,00 Euro pro Person. Die Angebote gehen diesbezüglich sehr weit auseinander, aber je früher man bucht, desto günstiger sind oftmals auch die Flüge.

Auch die Länge des Fluges oder treffender formuliert die Reisedauer mit Zwischenaufenthalt ist sehr variabel. Für einen Zwischenstopp kann man zwei bis elf Stunden einplanen. Oft hat man einen Aufenthalt in Doha oder Istanbul. Für die Flugreise sollte man daher mit einer Dauer von zwölf bis dreiundzwanzig Stunden rechnen. Die reinen Flugzeiten liegen übrigens bei ungefähr vier bis sechs Stunden. Ganz nebenbei bemerkt – all diese Angaben bekommen Sie, wenn Sie Ihr Reiseziel bei Idealo eingeben und suchen.

Hier ein Beispiel für einen Flug von Frankfurt über Doha nach Dhaka: Die Flugzeit von Frankfurt nach Doha beträgt 5h 55m. Der Aufenthalt in Doha dauert rund 2h 5m. Und von Doha nach Dhaka fliegen Sie noch mal 4h 50m.

Über ein zwischenzeitliches Aus- und Einchecken muss man sich in der Regel keine Sorgen machen, da man eingecheckt bleibt und die Koffer von Flugzeug zu Flugzeug gebracht werden. Dies ändert sich selbst dann nicht, wenn man bei längeren Aufenthalten den Flughafen verlässt. Allerdings muss man bei der Rückkehr dann nochmals eine Kontrolle über sich ergehen lassen.

Als Nächstes habe ich mir Hotels in den Orten, die ich in der Kürze der Zeit anreisen wollte, gebucht. Bei Booking.de findet man jede Menge günstige, aber dennoch sehr gute Hotels. Man kann diese auch 24 Stunden vorher online wieder kostenfrei stornieren und etwas anderes buchen, sollte man sich im Land spontan zu etwas anderem entschieden haben.

Auf dem Onlineportal kann man sich Bewertungen und Beschreibungen durchlesen sowie Bilder der Hotels und der Zimmer ansehen. Ich kann Ihnen versichern: Auf der Reise bin ich von keinem Hotel enttäuscht worden. Natürlich muss man bedenken, dass man sich in einem Dritte-Welt-Land befindet und die Bedingungen dadurch anders sind, als wir es aus Deutschland oder anderen Urlaubsländern kennen. Auf diesbezügliche Vor- und Nachteile gehe ich später noch ausführlicher ein. Bei meinem Aufenthalt in Dhaka entschied ich mich für das „Contemporary Heights". Dies ist ein Hotel mit Pool, das sich durch einen sehr angenehmen Empfang und Betten, auf denen man bequem schlafen konnte, auszeichnet. Das Hotel liegt inmitten des typischen Getümmels von Dhaka, der Millionenmetropole. Eine Person zahlt pro Nacht 38,00 Euro. Zu zweit kostet ein Zimmer 45,00 Euro pro Nacht. Im Durchschnitt betragen die Kosten einer Nacht in Dhaka pro Person also 30,00 Euro.

Für Bogra buchte ich mir das „Red Chillies Restaurant & Guest House", da die Bewertungen sehr gut waren und die Küche hoch gelobt wurde. Außerdem erschien mir der Preis von 24,00 Euro pro Person für eine Nacht absolut angemessen.

Ich dachte, da ich in Sylhet den längsten Aufenthalt meiner Reise verbringe und dort in das neue Jahr starte, soll meine Unterkunft besonders schönes, aber dennoch kein Luxushotel sein. Darum fiel meine Wahl auf das Hotel „La Vista". Für 26,00 Euro pro Nacht war es absolut luxuriös ausgestattet und die zuvor im Internet angeschauten Bilder haben gehalten, was sie versprochen haben.

Mit der Wahl meiner Hotels und der Vorstellung, wie sie sein mögen, war ich absolut zufrieden.

Nachdem ich die Flugtickets zum Ausdrucken per E-Mail erhalten hatte, ging es nun ans Kofferpacken.

Dazu öffnete nun auch ich meinen kunterbunten Schrank, um Sachen für die 14-tägige Reise auszuwählen. Was zieht man im Dezember in Südasien am besten an? Sonst ist Asien bekannt für seine Hitze von bis zu 50 Grad Celsius. Die Durchschnittstemperatur beträgt 30 Grad Celsius. Aber ist das auch im Winter der Fall? Ein erneuter Blick in Internet verriet mir, dass die Temperaturen zu dieser Zeit des Jahres zwischen 21 und 25 Grad Celsius liegen.

Ich packte also vorsichtshalber mal einen Pullover ein. Dann natürlich genügend Unterwäsche für zwei Wochen. Ansonsten reichen drei kurze Hosen und für den Flug eine Jogginghose. Noch fünf T-Shirts, zwei Tanktops, zwei luftdurchlässige Hemden und eine regenfeste Jacke. Weiter ging es mit dem Beautycase: Dieses enthielt natürlich Zahnbürste und Zahnpasta, außerdem einen Becher (diesen braucht man, um steril verpacktes Wasser zum Zähne putzen einzugießen), Duschbad, Deo und einen Waschlappen.

Auch Desinfektionsmittel für die Hände und ggf. für Flächen fand seinen Weg ins Reisegepäck. In dieser Hinsicht kann sich aber auch ein separates Päckchen mit Desinfektionstüchern anbieten. Außerdem packte ich mir Feuchttücher ein, da in Bangladesch Toilettenpapier nicht überall garantiert ist und man sich mit diesen auch gut das Gesicht kühlen kann. Und auch Handtücher, ein kleines und ein großes, wanderten in den Koffer, für den Fall, dass im Hotel keine vorhanden sind.

Um die eindrucksvollen Bilder nicht nur für immer im Kopf behalten zu können, sondern auch, um diese für andere einzufangen, packte ich natürlich auch meine Kamera und die entsprechenden Akkus ein. Ein gutes Buch für die Unterhaltung im Flugzeug und im Hotel ist ebenfalls sehr ratsam, obwohl man bei Langstreckenflügen auch oft einen eigenen Bildschirm zum Filme schauen, Spielen und für Fluginformationen hat.

Außerdem würde ich Ihnen empfehlen, eine Powerbank mitzunehmen, da es immer mal vorkommen kann, dass man mehrere Geräte gleichzeitig laden muss und nicht immer genügend Steckdosen vorhanden sind. Mithilfe der Powerbank kann man schnell auch unterwegs etwas aufladen.

Ich habe auf Reisen auch immer mein Zweithandy, das über Dual-SIM verfügt, mit im Gepäck. Auf diese Weise haben sowohl meine deutsche SIM mit der heimischen Rufnummer als auch die jeweils ausländische SIM einen Platz. Dies ist durchaus praktisch, da man oft mit den Einheimischen über Handy kommuniziert und sich in kurzer Zeit viele Kontakte zu Leuten, die einem im Land etwas zeigen wollen, ergeben. Durch das Dual-SIM-System erfahren Ihre neuen Kontakte Ihre deutsche Handynummer nicht und können Sie nach dem Urlaub nicht mehr kontaktieren.

Außerdem können Sie sehr günstig im Urlaubsland telefonieren und SMS schreiben. Dies kann auch hilfreich sein, wenn Sie mit jemanden gemeinsam verreisen und Sie sich mit dieser Person verständigen müssen. Wie schnell ist es mal passiert, dass man sich beispielsweise im Getümmel aus den Augen verliert? Durch die ausländische SIM entstehen keine unnötig hohen Summen und das Datenvolumen von ein bis zwei Gigabyte bei Auslands-SIM in Entwicklungsländern reicht für die wenigen Urlaubstage vollkommen aus. Scheinbar sind die Taktungen viel günstiger bzw. benutzt man das Datenvolumen hauptsächlich zum Recherchieren, Orientieren und Navigieren.

Vor einer Auslandsreise nach Asien sollten Sie sich auf jeden Fall einen Überblick über Ihren gegenwärtigen Impfstatus verschaffen und sich erkundigen, welche Impfungen für das Land empfohlen werden. In der Regel sind dies Polio sowie Tetanus- und

Diphtherie-, Typhus- und Hepatitis-Impfungen. Auch nach einem verschreibungspflichtigen Malariamittel zur Vorbeugung sollten Sie sich bei Ihrem Hausarzt erkundigen.

Ich persönlich habe mich bisher vor Reisen nach Asien nie impfen lassen, da man die Krankheiten auch vor Ort bzw. im Nachhinein behandeln kann und die Impfungen ab 65,00 Euro aufwärts kosten. Jedoch sollten Sie sich an mir kein Beispiel nehmen, denn Sicherheit geht vor!

Bisher war für mich persönlich meine Reiseapotheke immer ausreichend. In dieser befindet sich auf jeder Reise:

- Sonnenschutzmittel
- Insektenschutzmittel
- Schmerzmittel
- Mittel gegen Übelkeit und Erbrechen sowie Magen-Darm-Probleme (ORS-Lösung bei Durchfall)
- Verbandsmaterial
- Fieberthermometer
- Mittel gegen Sodbrennen und Verstopfung
- Mittel gegen Reisekrankheit (Vomex), dies hilft gegen Übelkeit und fördert die Müdigkeit
- Aspirin als Blutverdünner, um auf langen Flugstrecken Thrombosen vorzubeugen

Da für deutsche Staatsbürger eine Visumpflicht besteht, muss man vor der Einreise – wie in den meisten Ländern – ein Visum beantragen, in diesem Fall bei der Botschaft Bangladeschs. Dieses kostet in der Regel ca. 60,00 Euro pro Person.

Da ich meinen Flug äußerst kurzfristig gebucht hatte, blieben mir nur drei Wochen Zeit, um ein Visum zu beantragen. Ich druckte die Antragsformulare, die man als PDF-Datei unter Mein-Visum.de downloaden kann, aus – und rief dann umgehend dort an, als ich las, dass man das Visum mindestens vier Wochen vor Reiseantritt beantragen muss. Am Telefon erklärte mir eine nette Frau in gebrochenem Deutsch, dass die Zeit zu knapp sei und das Visum nicht rechtzeitig ankommen würde.

Verzweifelt suchte ich nach weiteren Visastellen und fand VidaBox.de. Die nette männliche Stimme am Telefon versicherte mir, dass ich über einen Kurier mein Visum pünktlich bekomme, wenn ich umgehend 137,00 Euro zahle und alle Unterlagen innerhalb von drei Tagen einreiche. Nun hatte ich zu tun! Noch eine Stunde bevor der Kurier die Unterlagen holte, bekam ich über eine Bekannte noch eine Einladung nach Bangladesch zugeschickt und hatte somit alle Unterlagen vollständig:

- ein 16-seitiges Antragsformular (lückenlos und in englischer Sprache ausgefüllt)
- den Reisepass, der mindestens sechs Monate Gültigkeit haben muss
- zwei identische Passbilder der Größe 3,5 x 4,5 auf hellem Hintergrund
- die zuvor erwähnte Einladung
- die Buchungsbestätigungen aller gebuchten Hotels auf der gesamten Reise
- die Kopie der Flugtickets

Der Pass muss mindestens drei Monate nach Ende der Reise noch gültig sein und die Aufenthaltsdauer sollte im Antrag vermerkt sein. Außerdem darin enthalten sein müssen das Ein- und Ausreisedatum sowie die Privatadresse und eine Telefonnummer des Reisenden. Wichtig ist auch der Aufenthaltsort mit genauer Adresse und Telefonnummer sowie ein Nachweis, dass man dazu in der Lage ist, die Kosten eigenständig zu tragen. Der Antrag muss natürlich Ihre Unterschrift tragen und diese muss identisch mit der im Reisepass sein.

Sie können die Formulare per E-Mail versenden oder persönlich beim Konsulat in Berlin einreichen. Dieses befindet sich in der Kaiserin-Augusta-Allee 111 in 10553 Berlin.

Das Visum sollte rechtzeitig beantragt werden, da man in der Regel mit einer Bearbeitungszeit von sieben bis zehn Tagen rechnen muss. Braucht man, wie in meinem Fall, ein Visum bis maximal 30 Tage zu touristischen Zwecken, können deutsche Staatsbürger dieses auch alternativ am Internationalen Flughafen in Dhaka erhalten. Das Ganze nennt sich „Visa on arrival". Voraussetzung dafür ist, dass man ein Rückflugticket besitzt und bei einer Privatreise die Einladung eines Staatsbürgers aus Bangladesch oder eines in Bangladesch lebenden Ausländers vorweisen kann.

Pünktlich zwei Tage vor meinem Abflug hielt ich schließlich überglücklich mein Visum in den Händen. Meine Reise ins bunte Bangladesch konnte nun beginnen.

Ich erkundigte mich auch über Zahlungsmethoden und wie ich in Bangladesch am besten mit meinem Geld umgehe. Die Bengalische Währung nennt sich Taka und besteht ausschließlich aus Geldscheinen. 1,00 Euro entspricht 92,35 Taka. Man hat also immer viel Geld in der Hand, dessen Betrag eigentlich wenig wert ist. Ein Bekannter riet mir vor meiner Abreise, ich solle noch in Deutschland 1.000,00 Euro in Dollar umzutauschen. Von dieser Summe sollte ich dann in Dhaka, bestenfalls gleich am

Flughafen, 700,00 bis 800,00 Dollar in Taka umtauschen. Die eingewechselte Geldsumme reiche für 14 Tage Bangladesch allemal aus. Es empfiehlt sich, den Flughafen zu wählen, da es ansonsten viel Zeit in Anspruch nehmen kann, Geld umzutauschen.

Es braucht manchmal einige Stunden, um eine Bank zu finden und schnell ist damit ein halber Urlaubstag vertan. Für den Fall, dass das Geld doch ausgeht, kann man die übrigen Dollar auch in Sylhet, Sirajganj und Bogra oder anderen Städten eintauschen. Ein angenehmer Trick zum Strecken der einheimischen Währung ist es, in den Hotels zu fragen, ob man in Dollar bezahlen kann.

Wechselgeld bekommt man dann wiederum in einheimischer Währung. In manchen Hotels kann man auch mit Kreditkarte zahlen, weshalb es sich anbietet, auf dieser ein bisschen Geld zu haben. Als Hauptzahlungsmittel ist diese aber keinesfalls geeignet.

Anreise & Ankunft

Nun sollte meine Reise endlich beginnen. Am 21. Dezember startete mein Flieger in Frankfurt und landete zweieinhalb Stunden später in Istanbul. Dort hatte ich einen dreizehnstündigen Aufenthalt und konnte somit die Nacht dort verbringen.

Im Vorfeld hatte ich mir bereits eine Übernachtungsmöglichkeit gebucht. Vom Flughafen in Istanbul brachte mich ein günstiges Taxi zum gebuchten Hostel. Dies war unweit vom Flughafen entfernt und trotzdem hatte ich das Gefühl, mitten in Istanbul zu sein. Schon vom Taxi aus genoss man in der Gegend eine wunderbare Aussicht über die Stadt und die

Häuser. Als ich am Hostel ankam, freute ich mich über den familiären Empfang. Das Hostel war gerade mal so groß wie ein Einfamilienhaus. Ein junger Mann öffnete die Tür und bat mich, die Schuhe auszuziehen. Danach gab ich ihm meine Daten, bezahlte die Nacht und er zeigte mir das Zimmer.

Es war sehr klein und einfach, das Bett und der Kleiderschrank reichten aber völlig aus. Schließlich blieb ich ja nur für ein paar Stunden zum Schlafen. Der junge Mann fragte mich, um wie viel Uhr ich zurück zum Flughafen müsse und ob er mich fahren soll. Ich sagte ihm, dass ich 04.00 Uhr losmüsse und es wunderbar wäre, wenn er mich fahren könne. Dann erkundigte ich mich, ob man in der von Wohnhäusern geprägten Umgebung noch etwas essen könne. Wir fuhren also zu einem Fast Food- Restaurant, wo ich mir Frühlingsrollen und etwas zu trinken mitnahm.

Etwas typisch Türkisches sah ich leider nirgends. Auf meinem Zimmer angekommen verdrückte ich mein Essen und legte mich schlafen. Um halb vier klingelte mein Wecker und so schwer es mir auch fiel aufzustehen, so wichtig war es mir auch. Ich wusch mir mit kaltem Wasser das Gesicht, machte mich frisch und ging hinunter zu dem jungen Mann, der schon bereitstand, um mich zurück zum

Flughafen zu fahren. Ohne ein zweites Mal einchecken zu müssen, ging ich durch die Sicherheitskontrolle und suchte das Gate meines Abflugs. Dort standen ausschließlich Menschen scheinbar asiatischer Herkunft. Es ist einfach ein wunderbares Gefühl, auf dem Weg in die Fremde zu sein. Die Passagiere nach Bangladesch wurden zum Flug aufgerufen und das Ziel rückte näher. Der Flieger startete 06.30 Uhr und es war ein angenehmer Flug. Siebeneinhalb Stunden und drei Filme später landeten wir in Bangladesch.

Als ich in Dhaka zum Auschecken anstand, sprach mich ein Bayer mittleren Alters an. Dieser stand direkt hinter mir in der Reihe und erzählte, er wolle sich Bangladesch einmal ansehen und dann nach Vietnam reisen. Er fragte mich, was mich dazu bewogen habe, nach Bangladesch zu reisen. Ich wusste zuerst gar nicht, was ich ihm antworten sollte, weil es einfach so viele Antworten gab.

Zum einen wollte ich Menschen kennenlernen, die stark genug sind, um mit Armut und der Habgier der Welt umzugehen. Zum anderen wollte die wunderschönen Reisfelder Syhets sehen, mich durch bunte, volle Straßen schlagen, nicht viel Geld für Essen und Trinken ausgeben. Und einfach all das erleben, was die Welt vielseitig macht. Raus aus Deutschland, weg vom Konsumwahn. Daraufhin sagte er in schönstem Bayrisch: „Und da bist über Woihnachten in Bonglodesch?". Dann beantwortete er meine Gegenfrage, in der ich mich nach seinen Reisegründen erkundigte, mit „Neugier" und war sichtlich erschrocken über seine eigene Entscheidung, im Grunde dasselbe vorzuhaben wie ich.

Als ich dann beim Zollbeamten Reisepass und Visum vorgezeigt hatte, befand ich mich auf der Suche nach meinem abgegebenen Gepäck. Hier gab es keine Rollbänder, sondern die Taschen lagen am Ausgang. Ein junger, freundlicher Mann wollte meinen Gepäckschein sehen und führte mich sofort zum richtigen Gepäckstück.

Anschließend ging ich direkt gegenüber zu einem Schalter, um mir ein Uber-Taxi zu holen, das mich zum Hotel bringen sollte. Uber ist eine Fahrgesellschaft, die mit unseren Taxis vergleichbar ist. Kaum hatte ich meine ausgedruckten Daten vom Hotel vorgezeigt, stand schon ein Fahrer für mich zur Verfügung. Überall waren Menschen, die helfen wollten, von daher verlief meine Ankunft völlig problemlos.

Als wir vom Parkplatz des Flughafens fuhren, trafen mich all die neuen Eindrücke mit voller Wucht und der Anblick, der sich mir bot, faszinierte mich sogleich. Ich sah Fahrzeuge, die ich noch nie zuvor gesehen hatte. Überall waren Menschen, die werkelten und die Verkehrsteilnehmer verständigten sich durch Hupen und Klingelzeichen. Sofort sah ich Szenen, die ich kaum fassen konnte. Auf manchen Autodächern schliefen Männer.

Busse fuhren an mir vorbei, in dessen offener Fahrertür immer ein Mann stand, der die Leute vom Straßenrand durch Winken dazu anhielt, einzusteigen. Da Dhaka vor allem nachts zum Leben erwacht, erblickte man überall Kleidungs- und Obststände. Auch offene Grills und Küchen, an denen Leute anstanden, sah man gehäuft.

Als ich das Hotel erreicht hatte, wurde mir ein sehr freundlicher Empfang entgegengebracht. Ich musste nur meinen Namen sagen und schon wussten die Mitarbeiter, welches Zimmer ich gebucht hatte. Sie wollten wissen, ob ich bei der Abreise des Hotels in Bar oder mit Karte zahlen möchte. Visa Card war gar kein Problem.

Ein Hotelmitarbeiter brachte mein Gepäck und mich aufs Zimmer, erklärte mir, wie die Technik (beispielsweise der Ventilator) funktionierte und fragte noch, ob ich etwas essen möchte. Auf dem Zimmer befand sich eine Karte, mit deren Hilfe ich mir Suppen, Reis, Bürger, Fleischgerichte und Getränke bestellen konnte. Die Preise waren nicht hoch: Ein Reisgericht mit Hähnchen kostete umgerechnet 2,80 Euro und das im Hotel! Ich rief mit dem dort vorhandenen Telefon die Rezeption an und bestellte das Essen, packte aus und legte mich hin, bis es nach ca. 20 Minuten klopfte und mein Essen gebracht wurde. Im Bett genoss ich meine Mahlzeit und schlief dann erst mal. Ich hatte schließlich einiges an Schlaf nachzuholen und wollte fit sein für die kommenden Tage.

Das Hotel war sehr einfach gehalten, mit wenig unnötiger Dekoration, aber definitiv komfortabel genug ausgestattet, um sich dort wohlzufühlen.

Sehenswürdigkeiten in Dhaka

Am ersten Tag in Dhaka war ich voller Neugier, wie sich das Leben in solch einem dicht besiedelten Land wohl gestaltet.
Am Morgen ging ich zu Fuß eine breite Hauptstraße entlang. Diese konnte man nur durch Brücken, die im Abstand von ca. 500 Metern gebaut worden waren, überqueren. Auf den Brücken standen vereinzelte Händler, die Mützen oder Tee verkauften und auch einige Bettler hielten sich dort auf. Auch entlang der Straße sah man aneinandergereihte kleine Stände, die Obst verkauften oder frisches Essen

kochten. Auf der Straße fuhren hauptsächlich Fahrradrikschas, Tuk-Tuks und Busse mit geöffneten Tü-
ren, durch die Menschen rein- und raussprangen.
Das sah für mich so interessant und verlockend aus,
dass ich beschloss, mit einem dieser Busse weiter zu
fahren. Aus der Busfahrertür schaute immer ein An-
gestellter hinaus. Dieser behielt im Blick, ob jemand
aus- oder aufsteigen wollte und nahm das Geld für
die Fahrt entgegen. Wenn ein Fahrgast zu- oder aussteigen wollte, rief er dem Busfahrer etwas zu, damit
dieser langsamer fährt.

Ich stieg auf einen Doppelstockbus auf, der langsam an mir vorbeifuhr und erfragte den Preis für
circa eine Stunde Fahrt. Diese kostete mich ca. 80
Cent (75 Taka). Im oberen Teil des Busses nahm ich
ganz vorn Platz, genoss die perfekte Aussicht und
sah, was vor mir und rechts neben mir auf den Straßen los war. Der Anblick war grandios. Die Stadt ist
ein einziger Tumult und unglaubliches Erlebnis. An
vielen Ecken überlegte ich, auszusteigen, weil es
draußen so spannend aussah.

Die vielen Märkte am Rande der Stadt endeten
und es schloss sich ein ganzer Stadtteil mit Hochhäu-
sern und weiteren Märkten zwischendrin an. Dort
stieg ich schließlich aus und lief zu Fuß weiter. An
jeder Ecke gab es süßes und herzhaftes Street-Food,

beispielsweise frittierte Crêpes und verschiedene Sorten Fleisch. Ich probierte einen gutschmeckenden, leicht scharfen Fleischspieß und einen frittierten Kringel, der so ähnlich wie die deutschen Kräppelchen schmeckte.

Nach einigem Fußmarsch kam ich zu einer Halle. Umgeben von weiteren Essensbuden probierte ich dort einen großen Fisch. Ein Mann mit geölter Föhnwelle setzte sich zu mir und fing ein Gespräch an. Er wirkte auf mich wie ein unseriöser Geschäftsmann, war allerdings sehr freundlich. Plötzlich kamen zwei Kaffee an unseren Tisch: eine Einladung des Herren.

Der Kaffee mit einer großen cremigen Schaumkrone schmeckte köstlich, sehr süß und hatte ein besonders Aroma, ein bisschen wie Zimt und Vanille. Der Mann, den ich für mich im Kopf schon den freundlichsten Ganoven Bangladeschs getauft hatte, erzählte mir, dass er die bengalische Fußballmannschaft mit herkömmlichem Essen beliefert, wenn sie auswärts spielen.

Er wollte auch meine Telefonnummer, weil er, wie er meinte, auch Reiseunternehmer sei und mir einiges in Bangladesch zeigen könnte. Ich gab ihm meine zweite Nummer. Über diese konnte er mir nur per WhatsApp schreiben, mich aber nicht anrufen. Mit einem Schmunzeln beendete ich das Gespräch und ging wieder zur Hauptstraße, um zurück zum Hotel zu fahren. Mein erster Tag in Bangladesch neigte sich dem Ende zu und ich wollte noch vor der Dunkelheit zurück sein. Im Hotel schrieb ich einem Bengalen, der zeitgleich zu meinem Urlaub Bangladesch mit dem Rad bereiste, ob wir uns während meines Aufenthaltes in Dhaka treffen können. Dieser Kontakt wurde mir übrigens schon vor meinem Urlaub von einem Bekannten aus Deutschland vermittelt. Sehr schnell antwortete er mir, dass er schon am nächsten Tag für mich Zeit hat. Ich sollte ihm die Adresse meines Hotels schicken und er sei dann um 11.00 Uhr da.

Am nächsten Tag saß der junge Mann in der Hotellobby, um mich in Dhaka herumzuführen. Sein Name ist Shawn, er studiert Textiltechnik und arbeitet nebenbei in einer Textilindustrie im Büro.

Mit einem Uber sind wir dann zum Lalbag-Fort, einer Festungsanlage aus der Mogulzeit, gefahren. Diese liegt am Fluss Buriganga im Südwesten Dhakas. Die Festung ist von einer 1,30 m dicken Mauer umgeben und besitzt drei Eingangstore. Zur Anlage gehören außerdem noch ein Mausoleum, eine Moschee, eine zweistöckige Konferenzhalle und ein Wasserreservoir. Im Jahr 1678, während einer 15-monatigen Vize-Regentschaft von Prinz

Muhammad Azam begannen die Bauarbeiten der Festung. Sein Nachfolger, Suada Siesta Khan, hat diese Arbeiten jedoch nicht fortgesetzt, weshalb die Festung bis heute nicht vollständig fertig wurde. Das Gelände und die Gebäude sind mittlerweile ein Museum und können als solches bewundert werden.

Im Anschluss an diese Besichtigung hatten wir eine spektakuläre Fahrt mit einer der typischen Rikschas, in der zwei Personen mithilfe eines Elektrofahrrads befördert werden können. Es ging entlang des Flusses Buriganga durch volle Gassen, vorbei an Märkten, Werkstätten und freien Küchen. Uns boten sich spektakuläre Bilder von Fahrrädern, die mit ca. 200 Kanistern beladen waren.

All diese Eindrücke schaffen für uns Europäer eine unvorstellbare und fesselnde Atmosphäre. Ich sah Unglaubliches und schier kurioses mit eigenen Augen und wollte diesen manchmal gar nicht trauen. In diesem Land schien nichts unmöglich zu sein und es gibt – entgegen vorheriger Vermutungen –, nichts, was nicht funktioniert, wenn man gewisse Richtlinien herunterschraubt. Der Mensch kann in Notlagen vieles schaffen, völlig anders existieren und (über)leben. Das wurde mir auf den Straßen Dhakas bewusst. Fahrräder, deren Ablageflächen mit Reissäcken und Kisten beladen waren, regelten ihren

Straßenverkehr durch Klingelzeichen und hatten Geduld.

Die Menschen haben sich nicht gegenseitig beschimpft. Ganz im Gegenteil – Achtsamkeit und Rücksichtnahme stehen im Vordergrund, um den Verkehr, der zugegebenermaßen einer Ameisenstraße ähnelt, zu regeln. Wer in Dhaka durch die Stadt reist, muss viel Zeit einplanen. Aber dies spielt kaum eine Rolle, da sich an jeder Ecke etwas Neues und Aufregendes zeigt. All die für uns meist unbekannten Anblicke und Eindrücke, die sich dort bieten, sind die Zeit, die man beim Warten im langsamen Verkehr verbringt, auf jeden Fall wert.

Unser nächstes Ziel war das bekannte Ahsan Manzil. Dieser rosafarbene Palast wurde 1872 erbaut und war die einzige Residenz des Nawabs in Dhaka. Heutzutage dient er als Museum und beherbergt original erhaltene Säle sowie Portraits der mächtigen Gesichter Bangladeschs.

Anschließend gingen wir spazieren und nahmen eine Mahlzeit ein, denn so langsam knurrte der Magen. Shawn bestellte in einem sehr kleinen Restaurant am Rand eines Marktes für uns Reis und das scharfe Joghurtgetränk Borhani, an dessen Geschmack ich mich erst gewöhnen musste. Anschließend gab es noch Lacchi, ebenfalls ein leckeres

Getränk, das ich Ihnen bereits in einem der vorange-
gangenen Kapitel vorgestellt habe. Gut gesättigt sind
wir mit einem Boot über den Fluss Buriganga gefahren. Gab es einmal Schwierigkeiten mit der Sprachbarriere, die zwischen uns bestand, hat Shawn dies
auf seinem Handy für mich übersetzt. Auf diese
Weise konnten wir wunderbar miteinander kommu-
nizieren. Leider neigte sich unser gemeinsamer Tag
mit der Bootsfahrt langsam dem Ende zu. In
Deutschland war an diesem Tag Heiligabend und so
war ich froh, dass ich den Tag nicht alleine verbringen musste.

Als wir uns eigentlich verabschieden wollten,
lud Shawn mich noch zum Essen zu sich nach Hause
ein. Er meinte, seine Familie habe viel gekocht und
ich sei herzlich willkommen. Dieses Angebot konnte
ich nicht ablehnen und freute mich auf ein Weih-
nachtsessen in Bangladesch. Der Heiligabend ist in
Bangladesch einen Tag später als in Deutschland,
weshalb mir ein traditionelles Essen angeboten
wurde. Bevor wir bei ihm ankamen, war ich total gespannt, wie er und seine Familie leben werden.

Wie leben die Menschen?

Nach unserer Bootstour fuhren wir mit dem Taxi in Shawns Heimatviertel Matikata. Als wir ankamen, gingen wir durch eine schmale Gasse inmitten von Marktständen und bogen in eine Garage ab.

Dann standen wir in einem Treppenhaus. Im zweiten Stockwerk öffnete uns eine junge Frau die Tür. Sie stellte sich und zwei weitere Mädchen im Alter von zehn und vierzehn vor. Bei den Mädchen handelte es sich um Shawns Geschwister und bei der

Frau um seine Freundin. Alle drei waren sehr beschäftigt und tüchtig in der Küche zugange.

Die Wohnung der Familie bestand aus drei Räumen. Als ich die Wohnung betrat, stand ich direkt im Wohnzimmer, das sehr überschaubar eingerichtet war. Eine Couch mit einem kleinen Tisch, gegenüber der Fernseher. Am Rand standen ein paar Stühle, ein großer Esstisch, zwei große Regale. Sogar ein Waschbecken gab es im Wohnzimmer, wie ich mit Erstaunen feststellte. Der Boden der Wohnung erstrahlte durch weiße Fliesen.

Am Esstisch saß Shawns Papa. Auch er reichte mir seine Hand und stellte sich freundlich vor. Der Duft vieler scharfer Gewürze lag in der Luft und löste Husten bei mir aus. Darum bat mich Shawn, dem es ging wie mir, erstmal in sein Zimmer. Seine kleine Schwester kam dazu und wollte mich ansehen. Schüchtern wollte sie wissen, wie ich heiße. Dann ging sie zurück in die Küche, um weiter mit zu helfen.

In Shawns Zimmer befand sich eines von zwei Badezimmern mit einer Toilette, die allerdings nur ein Loch im Boden einer kleinen Erhöhung ist. Man spült dort mit Wasser aus Eimern, dass man mit einer kleinen Kanne schöpft, nach. Im Zimmer gab es außerdem ein Bett, eine Kommode, einen Kleiderschrank und eine Garderobe für Shawns Jacken.

Das zweite Bad und die anderen zwei Zimmer habe ich nicht gesehen. In die Küche schaute ich von Weitem ein paar Mal hinein. Dort befand sich auch nicht viel, eine große Spüle und eine Herdplatte mit zwei Herdfeldern.

Shawn und ich saßen auf der Couch und unterhielten uns, sein Papa ging währenddessen eine Runde spazieren. Dann wurden uns Pakora, eine Art herzhafte Kartoffelpuffer mit Gurkenstreifen serviert. Sie schmeckten sehr würzig und waren ein perfekter Snack für zwischendurch.

Kurz darauf wurde ich an den Tisch gebeten, auch Shawns Papa war nun wieder zurück. Die Männer und Gäste essen zuerst, die Frauen der Familie nehmen ihre Mahlzeit später ein. Es gab Reis mit Röstzwiebeln, eine Kartoffelpfanne mit Gemüse, außerdem Salat und Rinderbraten. Der Rinderbraten war so scharf, dass es mir die Tränen in die Augen trieb. Shawns Papa lachte und sagte: „You have problem."

Als sie merkten, dass dies für mich tatsächlich ein Problem war, reichten sie mir viel Wasser und servierten mir mehr Kartoffeln, die den Geschmack der Schärfe wieder etwas abschwächten. Trotz des Schmerzes, den die Schärfe im gesamten Kopf auslöste, schmeckte das Fleisch sehr lecker und war noch dazu sehr zart. Einfach perfekt. Zum Nachtisch gab es dann noch Milchreis, wodurch der Schmerz fast völlig gemildert wurde. Wir saßen alle beisammen und lachten und erzählten über alles Mögliche. Die Bengalen haben viel Humor. Shawns Freundin ärgerte mich, indem sie zu mir sagte: „Morgen kann ich wieder scharf kochen."

Als es immer später wurde, musste ich mich langsam, aber sicher von meinen Gastgebern verabschieden, um zurück ins Hotel zu fahren. Die Familie bot mir an, bei ihnen zu übernachten. Allerdings wollte ich niemandem seinen Schlafplatz nehmen und sagte: „Nicht ohne meinen Schlafanzug." Alle lachten und dann bestellten wir ein Uber. Während wir auf dessen Ankunft warteten, machten wir alle zusammen noch unzählige Fotos.

Bilder sind für die Bengalen sehr wichtig. Diese sind als Statussymbol zu betrachten. Um meinen Dank auszudrücken, schenkte ich Shawns Freundin mein Tuch, worüber sie sich riesig freute. Sie schenkte mir eine kleine Holzschatulle als Andenken und der Papa gab mir zwei Apfelsinen. Shawn wollte ich etwas Geld geben, aber er weigerte sich, dies anzunehmen. Das musste ich akzeptieren und so gab ich es seinen Schwestern, denn für das Essen hatten sie weder Kosten noch Mühen gescheut.

Wir verabschiedeten uns sehr herzlich voneinander. Die Familie gab mir mit auf den Weg, dass ich sie unbedingt wieder Besuchen kommen soll und beim nächsten Mal könnte ich dann auch bei ihnen übernachten. Shawn flüsterte mir noch ins Ohr: „Mit Schlafanzug!" Ein sehr schöner Tag und ein noch viel schönerer Abend gingen vorbei. Was für ein unvergessliches Weihnachtsfest für mich!

Reiseziele

BOGRA

Im Hotel erkundigte ich mich, wie ich am besten nach Bogra komme. Die Mitarbeiter erklärten mir, dass ich mir am Busbahnhof ein Busticket für 7,00 Euro kaufen kann und dort auch gleich in einen Bus, der stündlich fährt, einsteigen kann. Also machte ich mich in einem Tuk-Tuk auf den Weg zum Busbahnhof.

Dort waren verschiedene Schalter, an denen Tickets verkauft wurden, unter anderem auch nach Bogra. Ein netter Mann erklärte mir den Ablauf und bat mich, mich auf eine nahe gelegene Bank zu setzen. Von dort aus würde er mich dann persönlich und rechtzeitig zum Bus bringen. Während ich wartete, sah ich einen Händler mit Netzen und mit

Kopfhörern um den Hals gebunden. Viele Reisende probierten seine Kopfhörer aus, aber keiner kaufte ihm ein Paar davon ab. Offenbar funktionierten sie gar nicht oder nur sehr schlecht.

Das tat mir unheimlich leid, auch weil er so ein verzweifeltes Gesicht machte. Von irgendwas muss er ja leben. Er bemühte sich, Geld zu verdienen und stand wahrscheinlich in der Hoffnung, etwas zu verkaufen, jeden Tag dort. Nur wegen seiner fehlerhaften Ware, für die er nichts konnte, brachte ihm seine Arbeit wenig Geld ein. „Das ist schrecklich.", dachte ich und ging auf ihn zu. Ich erkundigte mich nach den Netzen, die er verkauft.

Diese waren bunt und sahen interessant aus. Allerdings weiß ich bis heute nicht, was man damit macht, da durch die viel zu kleine Öffnung kaum etwas hindurchpasst. Dennoch kaufte ich ihm eines ab, um ihm Geld geben zu können, denn dies wollte ich nicht einfach grundlos tun. Ich wollte ihm auch das Gefühl geben, dass er gehandelt hat.

Auf meine Frage hin antwortete er mir, dass ein Netz 10 Taka kostet. Das sind gerade mal 11 Cent. Ich tat so, als hätte ich ihn nicht verstanden und fragte ihn, ob ein Dollar in Ordnung sei. Erst wollte er das Geld gar nicht annehmen und wunderte sich über das Aussehen des Scheins. Als er aber erkannte, dass es ein Dollar und somit bedeutend mehr Geld ist, als er dafür verlangt hatte, grinste er von einer Gesichtshälfte zur anderen und konnte es kaum fassen. Er zeigte anderen seinen Schein und danach zeigte er auf mich. Ich war froh, dass er für diesen Tag erst mal kein betrübtes Gesicht mehr zog.

Kurz darauf kam der Mann vom Schalter auf mich zu, um mir meine Tasche abzunehmen. Ich wurde zum Bus geführt und die sechsstündige Fahrt inkl. Pausen begann. Als wir an Raststätten hielten, sprachen mich hin und wieder ein paar Männer an und fragten nach meinem Ziel, da der Bus auch weiter als Bogra fuhr. Alle behielten mich im Blick, gaben mir Bescheid, wenn die Fahrt weiterging und zeigten mir, wo die Toiletten waren. Bei alldem hielten sie eine angenehme Distanz ein und ich habe mich sehr sicher gefühlt.

Als ich in Bogra ankam, kümmerten sich der Busfahrer und einige Männer noch darum, dass ich eine Fahrgelegenheit zum Hotel bekomme. So hielten sie für mich ein Tuk-Tuk an und nannten dem Fahrer die Adresse meines Hotels. Für mich ging es ins „Red Chillies Guest House".

Als ich abends in meiner Unterkunft ankam, wurde ich am Eingang vom Sicherheitsbeamten des Hotels empfangen. Er führte mich zum Fahrstuhl und ich fuhr in die dritte Etage, in der sich die Rezeption befand – und übrigens auch das hochgelobte Restaurant mit den vielen positiven Bewertungen.

Der Hotelbesitzer erkundigte sich nach meinem Namen, meinem Reisepass und der bevorzugten Bezahlweise. Kreditkartenzahlung ist auch in diesem Hotel möglich. Dann brachte er mich auf mein Zimmer. Die Gänge des Hotels waren mit vielen Pflanzen und Bildern dekoriert und ein Schaukelstuhl stand direkt vor der Terrasse, die für alle Gäste der Etage zugänglich war. Das Zimmer war sehr einfach gehalten, verfügte aber über alles, was man braucht.

Es gab ein Bett mit Nachtisch, einen Tisch mit einem kleinen Sofa, einen Kleiderschrank und sogar einen Fernseher auf einer kleinen Kommode. Das Badezimmer war mit einer Badewanne, Duschartikeln und natürlich auch mit einer Toilette ausgestattet. Und das Zimmer besaß sogar einen kleinen Balkon.

Dann legte ich mich ins Bett und war gespannt auf den ersten Tag in Bogra. Der Aufenthalt in einer der ältesten Städte Bangladeschs hatte ein ganz anderes Feeling als zuvor in Dhaka. Im Vergleich zu dieser Stadt waren die Straßen in Bogra ungewohnt ruhig und leer. Die Stadt hat, wie ich bereits vor Reiseantritt erfahren habe, etwas Dörfliches. Bogra stammt aus der Regierungszeit des Großkaisers Ashoka, der die Region eroberte und Indien von 268 bis 232 v. Chr. regierte.

Am ersten Tag wollte ich zuerst in die Stadt und in das Dorf Gokul fahren, um mir das bekannte Gokul Medh anzusehen. Dies ist eine archäologische Stätte, ein ausgegrabener Hügel.

Kaum verließ ich das Hotel, um mir einen Fahrer zu suchen, standen bereits mehrere von ihnen um mich herum. Der Fahrer, der am intensivsten über Augenkontakt, Mimik und Gestik mit mir kommunizierte, war der Fahrer, auf dessen Fahrradriksscha ich nun stieg. Ich sagte ihm, dass ich in die Stadt möchte und er fuhr los. Nach ungefähr einer halben Stunde stellte ich fest, dass er mich wohl falsch verstanden haben muss.

Denn er fuhr mich nicht in das Zentrum der Stadt, um mich dort abzusetzen, sondern fast durch die gesamte Stadt Bogra. Es war ein recht kalter Tag im Dezember und war ich froh, meine Jacke eingepackt zu haben. Dennoch fror ich ein wenig. Ungewöhnlich für das sonst so heiße Asien.

Er fuhr vorbei an Feldern, an Märkten, auf ruhigen Straßen und durch Getümmel, zeigte mir mit Stolz das Stadion und hielt an, wenn ich Fotos machen wollte. Es war erstaunlich und friedlich. Verwundert war ich jedoch über seine Art zu fahren. Er trat nämlich nicht in die Pedale des Elektrofahrrads, sondern er hob sein Gesäß immer wieder auf und ab, um Schwung zu holen.

Die Riksha fuhr dadurch wie all die anderen auch. Weil er einen langen Sarong trug, der die Beine verdeckte, stellte ich erst später fest, dass der junge Mann nur ein Bein hatte. So wurde ich schließlich drei Stunden lang von einem überaus dankbaren Mann durch fast ganz Bogra kutschiert. Für die ganze Fahrt verlangte er umgerechnet nicht einmal 2,00 Euro.

Und obwohl er mein Ziel, einfach nur in der Stadt abgesetzt zu werden, nicht umgesetzt hatte, war ich überglücklich über so viele neugewonnene Eindrücke. Also gab ich ihm für die ganze Mühe der Stadtrundfahrt umgerechnet 5,00 Euro, weil er mir damit bei Weitem mehr gegeben hatte, als sich bezahlen ließ. Ich bekam ein allumfassendes Bild von Bogra und das in nur so kurzer Zeit.

An einem sehr windigen und kalten Tag war ich auf der Suche nach einem Andenken für mich und Souvenirs für meine Freunde. Also ging ich zu Fuß durch Bogra. Da Bangladesch nur wenig auf Touristen vorbereitet ist, gestaltete sich dies sehr schwierig. Ich fand weder einen Laden mit Figuren noch mit

Armbändern oder ähnlichen Sachen, die man für sich oder andere von seinen Reisen mitbringen kann.

Ich erblickte ausschließlich Märkte mit Nahrungsmitteln, Autoteilen oder Kleidung. Irgendwann traf ich auf zwei Jugendliche, die mich lächelnd zu sich heranwinkten. Sie wollten wissen, woher ich komme und wie es mir geht. Nachdem ich ihre Fragen beantwortet hatte, versuchte ich ihnen zu erklären, dass ich einen Laden suche, wo man beispielsweise Ringe kaufen kann. Einer von ihnen trug ein Armband, auf das ich zeigte.

Sie verstanden, dass ich auch so eins möchte. Also machten sie mir begreiflich, dass ich ihnen folgen soll. Sie schützen sich mit einem Handtuch vor der Kälte. Weil ich nichts Wärmendes dabei hatte, nahm mich einer der beiden unter sein Handtuch und wir liefen Arm in Arm unter dem warmen Handtuch zu einem Stand. Dort gab es unter anderem bunte Garnrollen zum Knüpfen von Armbändern zu kaufen. Glücklich kaufte ich zwei Stück. Danach fragten mich die Jungs, ob sie noch etwas für mich tun können. Weil ich aber nichts weiter brauchte, meinte ich, dass ich aufgrund der Kälte nur noch zurück zum Hotel fahren möchte. Sie fragten mich nach dem Namen des Hotels und organisierten mir im

Handumdrehen eines der vielen an uns vorbeifahrenden Taxis. Zum Abschied wollten sie noch meinen Namen erfahren und gemeinsam mit mir ein Foto machen. Ich dankte ihnen von ganzem Herzen, weil die beiden so gutmütig und hilfsbereit zu mir waren.

Später saß ich total zufrieden auf meinem Zimmer und machte mir ein Armband, das ich bis heute trage. Es erinnert mich immer an die beiden Jungs und diesen so kalten Tag, der mir so viel wärmer im Gedächtnis geblieben ist als die Temperatur.

Bekannt ist Bogra auch für seinen „The Bogurar Doi". Dies ist ein köstliches Milchprodukt aus Kuhmilch. „Doi" oder Quark ist ein sehr verbreitetes Lebensmittel in Bangladesch, aber der „Quark aus Bogra" ist von bester Qualität und berühmt für seinen Geschmack.

Am dritten Tag meines Aufenthalts machte ich mich auf die Suche nach dieser Köstlichkeit. Aber trotz der Bekanntheit des Joghurts verstand niemand so wirklich, wonach ich suchte. Von einem Händler, der an einem kleinen Stand mit einem Grill direkt am Straßenrand stand, bekam ich ein erwidertes Nicken, als ich ihm den Begriff „The Doi?" entgegenwarf und er machte mir eine Tüte fertig. Er begann etwas zu kochen, warf Gewürze in seine Pfanne und schwenkte die darin enthaltenen Zutaten. In diesem Moment wurde mir klar, dass das, was er mir zubereitete, nicht „the Doi" war.

Aber ich unterbrach ihn nicht, nahm die fertige Tüte an mich und stellte fest, dass es sich bei dem Inhalt um ein sehr scharfes Reisgericht handelte. Und für dieses hatte ich gerade mal 20 Ct gezahlt. Die weitere Suche nach „the Doi" scheiterte und ich fragte schließlich den Rezeptionisten im Hotel. Er verstand sofort, wonach ich suchte. Er telefonierte und bat darum, jemanden loszuschicken, um mir meinen Wunsch zu erfüllen.

Normalerweise gibt es „Doi" ganz einfach in den Märkten zu kaufen. Aber ich hatte kein Glück. Ich wurde gebeten, auf mein Zimmer zu gehen, um zu warten und dem Mann etwa 1,00 Euro für den Joghurt zu geben. Nach ungefähr 20 Minuten klopfte es an meiner Tür. Ein junger Mann überreichte mir eine flache Schüssel aus Ton von etwa 20 cm Durchmesser, eingepackt in Klarsichtfolie.

In dem Tongefäß war der gekochte, abgekühlte Joghurt. Dieser ähnelte von der Konsistenz einer Crème brûlée, war sehr lecker und süß. Schade, dass ich nur ein einziges Mal die Gelegenheit hatte, einen zu essen. Das Tongefäß habe ich mir als Andenken mitgenommen, denn es lässt sich gut als Suppenteller oder Obstschale verwenden.

Am Abend ging ich noch ein wenig spazieren. Dabei stieß ich eine Woche nach Heiligabend noch auf einen Weihnachtsmarkt. Um diesen betreten zu können, musste ich mir eine Eintrittskarte kaufen, die mich etwa 25 Ct kostete. Sicherheitsmänner nahmen diese dann an sich und prüften sie, dann durfte ich den Markt betreten. Drinnen bot sich mir kein besonders weihnachtliches Feeling. Abgesehen von einem großen Weihnachtsmann und ein paar bunten Lichtern gab es keinerlei Weihnachtsdeko.

Zu kaufen gab es Kleidung, goldenen Schmuck und Süßigkeiten einheimischer Art. Ein paar Attraktionen für Kinder waren aufgebaut – ein kleines Karussell mit Pferden und eine große Rutsche. Alles wirkte wie auf einem ganz normalen Markt, nur mit mehr Lichtern, aber nicht wie ein typischer Weihnachtsmarkt. Da in einem muslimischen Land das Weihnachtsfest nur sehr klein gefeiert wird, wunderte mich dies aber nicht. Ich war eher erstaunt darüber, dass es überhaupt einen Weihnachtsmarkt gab.

Auf dem Rückweg sah ich noch ein paar Stände, an denen es Tee und Gebäck in der Art unserer gezuckerten Krapfen gab. An einer Haltestelle sah ich einige Männer in einem kleinen Häuschen, in dem sich ein Fernseher befand, sitzen. Wahrscheinlich, um sich so die Wartezeit angenehmer vertreiben zu können. Und einige setzten sich sicher auch nur in das Bushäuschen, um die Vorteile dieser Unterhaltung zu nutzen. An einen Stand bezahlte gerade ein Mann, der als Frau zurechtgemacht war, seinen Tee. Offenbar sind Transgender und Transvestiten auch hier anerkannt. Sehr tolerant für ein muslimisches Land, dachte ich mir und ging zurück zum Hotel.

Am Abend organisierte ich dann noch die Fahrt nach Sylhet. Ich erkundigte mich diesbezüglich an der Rezeption, der Hotelbesitzer telefonierte wieder und regelte alles für mich. 75 Euro kostete mich die knapp 400 Kilometer lange Fahrt in einem Auto mit eigenem Fahrer. Und dieser muss ja auch wieder zurückfahren und zwischendurch irgendwo übernachten.

Der Fahrer war pünktlich und los ging die wunderschöne, aufregende und etwa neunstündige Fahrt in das grüne Städtchen Sylhet. Wir fuhren vorbei an Menschen, die auf den Äckern arbeiteten, an vollen Märkten und an Textilfabriken. Zwischendurch hielten wir zweimal an, um auf Toilette zu gehen, etwas zu essen und Tee zu trinken. Der Fahrer, offensichtlich ein gläubiger Moslem, suchte in der Zeit, in der ich aß, einen Gebetstempel auf.

SYLHET

Am späten Abend kamen wir in Sylhet an. Der Fahrer, der zwischendurch sogar anhielt, wenn ich von der Landschaft ein Foto machen wollte, verabschiedete sich und ich bedankte mich für unsere so lange gemeinsame Fahrt.

Von der Aufmerksamkeit des Hotelpersonals, das mich sehr lieb in Empfang nahm und dem noblen Anblick für so wenig Geld, den das Hotel bot, war ich hingerissen. Ein Mitarbeiter vom Hotel brachte mich auf mein Zimmer. Ich packte meine Sachen aus, duschte mich im voll ausgestatteten Bad und legte mich zu Bett. Am nächsten Morgen ging ich in den obersten Stock zum Frühstück.

Es gab den leckersten Kaffee, den ich je getrunken habe, Toast und herzhaften Eierkuchen mit Reis. Nach dem Frühstück ging ich auf die Terrasse, die in der Beschreibung des Hotels stand. Es war eine tolle Aussicht, die sich mir bot: Eine Mischung aus Stadt und grünen Flächen und in der Ferne sah man die Reisfelder und Hügel. So sah ich Sylhet das erste Mal bei Tag und das sogar von oben.

Ich beschloss, gleich loszugehen und die Stadt erst einmal zu Fuß zu erkunden. Die Straßen waren wieder sehr voll und kunterbunt. Es gab viel zu sehen und an jeder Ecke bot es sich an, etwas Neues zu erkunden. Es war spektakulär mit anzusehen, wie die Menschen in diesem sehr dicht besiedelten Land miteinander in Bewegung sind.

Manchmal konnte ich einfach nur dastehen und beobachten. Alle 10 Sekunden änderte sich die Szene komplett, nur das Set war sozusagen gleichgeblieben. Einmal bog von der Hauptstraße ab und ging in eine Gasse. Die dort arbeitenden Männer luden große hellgrüne Blätter auf ihre Fahrräder, um diese auszuliefern. Die Blätter werden in Bangladesch als Teller oder zum Verzehren der Betelnuss benutzt.

Da die Betelnuss sehr bitter schmeckt, wird sie klein gehackt und in das Blatt gewickelt, wodurch der Geschmack ein bisschen milder wird. Die Betelnuss macht ein wenig high, hält wach, um länger arbeiten zu können und schmälert den Appetit. Darum ist sie in ärmeren Regionen sehr beliebt und wird beinah überall verkauft. In der Gasse saßen in einigen offenen Garagen viele Männer.

Sie waren genauso erstaunt über mich wie ich über sie. Ich sollte Bilder von und mit ihnen machen. Dann luden sie mich zum Tee ein und boten mir

Betelnuss an, die sie selbst aßen. Einen kleinen Happen probierte ich, was sie schrecklich amüsierte. Offensichtlich haben sie mir angemerkt, dass ich auf einen solch bitteren Geschmack nicht vorbereitet war. Sie lachten und waren erfreut darüber, dass ich mir ihre Arbeit anschauen wollte. Überall in der Gasse wurde mir etwas gezeigt. Die Blätter wurden gewaschen und in manchen Garagen wurden Autoteile repariert.

Als ich wieder zurück auf der Hauptstraße war, sprudelte pure Lebensfreude aus mir heraus, die ganze Zeit musste ich lächeln. Das Lachen der Männer sprang auf mich über wie ein irrwitziger Floh. Dass es noch so heitere Menschen gibt, die so viel Glück empfinden, mich zu sehen, konnte ich kaum fassen. Kurz danach bog ich in die nächste Gasse ab. Auch da kamen mir sofort Menschen entgegen und zeigten mir ihr Gelände, das wohl mehreren Familien gehörte. Sie teilten sich ein Hof mit einem See und mehreren Scheunen.

Dort wurden Kühe und Ziegen gezüchtet und versorgt. Ein junger Mann, der gerade dabei war, seine Kuh im See zu waschen, lächelte mich an. Dann kam ein kleiner Junge im Alter von etwa sieben Jahren auf mich zu gerannt und zeigte mir stolz seine Ziegen. Gott sei Dank hatte ich einen Lutscher dabei, den ich ihm als Dank für seinen herzlichen Rundgang schenken konnte. Danach strahlte er übers ganze Gesicht und wich mir nicht mehr von der Seite, während ich den aufregenden Hof fotografierte. Ich ging zurück zur Hauptstraße, auf die er mir ebenfalls folgte. Mit einem spitzbübischen Lachen im Gesicht zog sich seine Verfolgung noch einige Meter hin, dann lief er mit dem Lutscher im Mund zurück zu seiner Familie. Bloß gut, denn ich hatte Angst, dass ihm auf der verkehrsbelebten Straße, die er aber sehr wahrscheinlich gewohnt war, etwas passierte.

Auf der Hauptstraße sah ich mir noch ein paar Stände an. Auf Karren waren Klamotten gestapelt und für sehr wenig Geld konnte man diese kaufen. Für ein T-Shirt bezahlt man dort etwa 1,00 bis 2,00 Euro, für eine Winterjacke 5,00 Euro. Dann besuchte ich noch ein Geschäft, in dem ich mir etwas zu Essen und zu Trinken kaufte. Die letzten Stunden waren wie im Flug vergangen und ich fuhr mit einem Tuk-Tuk zurück zum Hotel.

Dort sah ich mir noch mal die unglaublichen Bilder vom Tag an und kam auf meinem Hotelzimmer zur Ruhe. Am Abend ging ich noch mal raus, um mir wieder einen Fahrer zu organisieren, der mich zu einem Restaurant fahren sollte. Allerdings zog mich direkt nebenan ein sehr kleines Restaurant mit bunter Tapete in seinen Bann. Es sah sehr interessant aus, also wollte ich es auch von innen sehen. Dort gab es überwiegend Hamburger. Nach dem ganzen Reis, den ich in den letzten Tagen gegessen hatte, probierte ich mal einen bengalischen Cheeseburger. Der Besitzer vom Hotel kam höchstpersönlich auf mich zu und unterhielt sich mit mir. Er wollte wissen, woher ich komme.

Als ich seine Frage beantwortete, meinte er, dass er, wie viele andere Menschen in Bangladesch auch, gern eines Tages in Deutschland studieren möchte. Als der Burger gegessen war, fragte er mich neugierig, wie dieser mir schmeckte. Seine Frage wirkte nicht wie eine Floskel. Er war ernsthaft daran interessiert zu wissen, ob mir, einer deutschen Urlauberin, sein Burger schmeckt.

Und es war wirklich der beste Burger, den ich jemals gegessen habe. Das Fleisch war nicht einfach irgendwas Zusammengehäckseltes, sondern wie ein Steak mit einer köstlichen, süß – herzhaften Soße und Käse, der gerade dabei war, zu zerschmelzen. Nach diesem Geschmack sehne ich mich noch heute. Ich wusste gar nicht, wie ich ihm ehrlich mitteilen sollte, dass sein Bürger der köstlichste war, den ich in meinem ganzen Leben gegessen hatte. Ob er meinen Worten Glauben schenken würde? Oh ja – das tat er! Ich konnte an seinem Lächeln erkennen, dass er sich über mein Kompliment riesig freute. Und dann verriet er mir seinen Plan, irgendwann ein Restaurant in Deutschland zu eröffnen.

Zurück im Hotel fragte ich nach, ob man mir eine Tour organisieren könne. Der nächste Tag war Silvester und diesen wollte ich ja auf ganz besondere Weise verbringen und die Bergstation Jaflong sehen. Diese befindet sich in Gowainghat Upazila (im Distrikt) Sylhet am fast 12 km langen Fluss Lala Khal, direkt an der Grenze zwischen Bangladesch und dem indischen Bundesstaat Meghalaya.

Die Region besteht aus subtropischen Bergen und Regenwäldern, die man von einem Boot aus entlang des Flusses Lala Khal bewundern kann. Sofort organisierte mir ein junger Mann an der Rezeption die Tour mit einem Fahrer, der mich am Hotel abholen würde. Er wollte meine Nummer, um mir über WhatsApp die Preise und Zeiten schicken zu können. Er teilte mir mit, dass die Tour inkl. Fahrer ca. 75 Euro kostet, dass ich um 10 Uhr abgeholt werde und ungefähr um 18 Uhr zurück bin.

Das Geld sollte ich ihm noch schnell zur Rezeption bringen, damit er es dem Fahrer bringen könne, der sich dann um den Rest kümmert. Hätte ich die Tour vorher im Internet gebucht, hätte ich locker ca.

130 Euro investieren müssen. Im Internet bietet zum Beispiel TripAdvisor einige Touren an, die man vorher buchen kann. Ich begrüße es aber, lieber spontan zu sein und Geld zu sparen. Nachdem nun der nächste Tag sicher geplant und schon bezahlt war, legte mich zu Bett. Ich wollte den letzten Tag des Jahres besonders ausklingen lassen. 75 Euro sind meiner Ansicht nach für eine private Ganztagestour mit Transfer sehr günstig.

Als ich am nächsten Morgen erwachte, freute ich mich schon wieder auf den leckeren Kaffee. Leider meinte der Kellner, der meine Bestellung aufnahm, dass gerade kein Kaffee da sei. Also trank ich das Wasser, das für jeden Gast auf den Tischen bereitstand. Während ich wartete, kamen junge Hotelmitarbeiter auf mich zu und wollten sich unterhalten. Das Hotel war seltsamerweise sehr leer. Zeitgleich mit mir aß immer nur eine Familie, die ein paar Tische weiter saß, ansonsten konnte ich keine weiteren Gäste entdecken.

Die Hotelmitarbeiter kümmerten sich alle rührig um ihre Gäste und als Weißer ist man hier eine Attraktion. Darum wollten die Mitarbeiter auch auf der Terrasse Bilder mit mir machen. Als mein Essen kam, ließen sie mich allerdings in Ruhe. Ich hatte auch ein wenig Zeitdruck. Gerade noch 15 Minuten blieben mir zum Essen, bevor der Fahrer mich erwarten würde. Eigentlich war ich es von meinen bisherigen Reisen nach Asien gewohnt, dass sich die Menschen verspäten. In Bangladesch waren aber bisher alle pünktlich. Während ich hastig aß, sah ich einen jungen Mann mit frischem Kaffee die Treppen hochflitzen.

Die Mitarbeiter hatten also sofort welchen für mich organisiert. Das war eigentlich gar nicht nötig, damit ich mich im Hotel wohlfühlte. Ich hatte leider auch gar keine Zeit mehr, was ich ihnen mit schlechtem Gewissen verständlich machen musste, denn der Fahrer wartete unten. Als ich erklärte, dass ich eine Tour geplant habe und um 10.00 Uhr unten sein muss, nahm mir keiner böse, dass ich nun keine Zeit mehr für den extra arrangierten Kaffee hatte.

Ich versicherte, dass ich einen im Restaurant trinke, wenn ich wieder da bin und bedankte mich herzlich. Dann ging ich hinunter, wo der Fahrer schon bereitstand. Anders hätte ich es in Bangladesch auch nicht erwartet. Sein Geld hatte er bereits erhalten und wir fuhren los zum Fluss Lala Khal, um dort an einer Bootsstation in ein Motorboot aus Holz einzusteigen.

Ich hatte das Boot komplett für mich allein. Kein anderer Tourist und bis auf den Bootsfahrer und meinen Fahrer auch keine Einheimischen. Die beiden setzten sich allerdings hoch aufs Dach, von welchem aus man das Boot auch steuern konnte. So konnte ich in Ruhe die Gegend bestaunen, ohne dass mir jemand im Weg saß.

Überall im Wasser arbeiteten junge Männer, die Sand und Dreck aus dem Fluss in Boote schöpften, damit er seine klare, türkise Farbe nicht verliert. Um uns herum war ein Flussstrand, der in einen Wald hineinführte, in dem Menschen wohnten oder extra herkamen, um ihre Wäsche in dem reinen Fluss zu waschen. Überall sah man Kleidung und Familien, die sich wuschen. Männer mit ihren Booten, die sie mit Sand beluden. Herumtollende Kinder, die in den Sanddünen Loopings schlugen. Ich konnte spektakuläre Bilder aus dem wahren Alltag der Bengalen einfangen.

Dieses Gefühl der unfassbar großen Faszination, dass ich gleich spürte, als ich in Dhaka den Flughafen verließ und das mich seither auf meiner Reise begleitete, stieg auch hier wieder in mir auf. Die Schönheit der Natur und die Menschen, die hier lebten, zogen mich in ihren Bann. Dass ich solch einzigartige Lebensweisen, die in den unterschiedlichen Teilen unserer Welt gelebt werden (müssen), mit eigenen Augen erfahren darf, um dann tief in mir zu spüren, wie vielseitig die Welt und die Menschen sind – all das ist mir auf dieser Reise noch mal viel bewusster geworden. Und ich habe gespürt, dass man wirklich alles schaffen kann *„Von Natur aus sind die Menschen einander nah, doch nur durch Gewohnheiten sind sie einander fern"* - dieses Zitat von Konfuzius macht deutlich, dass der Mensch alle Hindernisse überwinden und sich an jede Gegebenheit gewöhnen kann. Das beweist Bangladesch. Nur, weil für uns etwas unbekannt oder fremd ist, heißt das nicht, dass es aus diesem Grund auch verkehrt oder unmöglich ist. Es ist eben nur eine andere Lebensweise, die uns 83 Millionen Deutschen zwar unbekannt ist, aber hier in Bangladesch für doppelt so viele Menschen Realität und Alltag darstellt.

Diese wichtige Einsicht ist nicht nur hilfreich für das kommende neue Jahr, sondern für ein ganzes Leben und verankerte sich tief in mir drin. Besonders dieser Ausflug hatte eine Wirkung auf mich, die ich mir im Inneren bewahre. Die Bilder und Erfahrungen ruhen in mir und begleiten mich ein Leben lang. Dass Menschen mit so wenig Ressourcen zurechtkommen und sich nicht beklagen, verdient Respekt und wir alle sollten uns an diesem Land ein Beispiel nehmen.

Schließlich hielten wir in Jaflong. Ich sah direkt die Grenze zwischen Bangladesch und Indien, eine Waldlandschaft in der Ferne. Es ist erstaunlich, dass von Menschen ernannte Grenzen, die Nationen voneinander trennen und unterschiedliche Kulturen entstehen lassen, manchmal nur aus einem Wald bestehen können.

An unserem Anlegepunkt am Janflong war ein Stand aufgebaut, an dem es Tee und Kekse gab. Danach führte der Weg wieder zurück über den Fluss Lala Khal, vorbei an den sich waschenden Familien und den Wäldern. Der Fahrer hielt auch direkt an der Grenze zu Indien, an der Leute für Fotos posierten. Mit nur einem Schritt war man in Indien. Allerdings standen dort Zollbeamte, die das Ganze überwachten und einen zurückholten, wenn man die Grenze zu weit überschritten hatte.

Nach diesem Stopp machten wir noch einen letzten Halt, um essen zu gehen. Der Fahrer hielt an einem Restaurant, das eine freie Küche hatte. Die Sitzgelegenheiten waren mit einer Plane überdacht, die an Holzpfählen befestigt war. An einer Wasserpumpe konnten wir uns die Hände waschen und dann wurde aufgetischt, was der Fahrer bestellt hatte. Eine große Menge Reis und separat dazu sehr zartes eingelegtes Rinderfleisch. Es ähnelte dem, welches ich am Heiligabend gegessen hatte, nur dass es weniger scharf war. Oder hatte ich mich bereits daran gewöhnt? Für mich war es jedenfalls sehr köstlich. Dazu gab es Zitronen, die man einfach so gegessen hat, um die Schärfe zu mildern. Wie in Bangladesch üblich, aßen wir mit den Fingern einer Hand, was gar nicht so einfach war. Man nahm es mir auch nicht übel, dass ich doch oft die zweite Hand als Hilfe benutzte. Es war ein hervorragendes und einmaliges Silvesteressen. An der viel befahrenen Straße zog eine Horde Ziegen vorbei, während langsam die Sonne unterging, dies verlieh dem ganzen noch mal ein besonderes Flair und sorgte für einen spektakulären Anblick.

Als ich im Hotel ankam, war es ca. 19.00 Uhr. Bis zum Neujahrswechsel waren es also noch ein paar Stunden. Wie versprochen wollte ich noch einen Kaffee trinken, allerdings hatte gerade die Küche geschlossen. Also ging ich kurz auf mein Zimmer und schrieb dem Rezeptionisten, wie mein Tag war, bedankte mich für die Organisation seinerseits und wünschte ihm ein frohes neues Jahr. Außerdem erkundigte ich mich, ob er mir nach dem Feiertag noch eine Tour organisieren könnte, da das auch in seinem Interesse war. Mein Wunsch war es, eine Bootstour durch den bekannten Sumpfwald Ratargul zu unternehmen. Dieser befindet sich in Gowainghat in Sylhet.

Dann ging ich auf den Straßen ein wenig spazieren, um zu sehen, wie Bangladesch Silvester feiert. Allerdings war vom Silvesterfeeling keine Spur. Man sah nirgends etwas, dass auf Silvester hindeutete. Weder feiernde Menschen noch Girlanden. Also ging ich nach meinem Spaziergang zurück und wartete auf der Terrasse des Hotels, bis die Uhr 0.00 Uhr anzeigte. Zwischendurch kommunizierte ich mit dem Rezeptionisten, der mir die Tour für 35 Euro zusicherte.

Er gab mir den Tipp, auf dem Weg gleich die Teeplantagen mit zu besuchen. Dort gäbe es unter anderem einen Tee, der aus sieben übereinandergeschichteten Farben besteht. Natürlich hatte ich nichts gegen seine Tour- Ergänzung einzuwenden. Der Reisepreis blieb derselbe, was allerdings sicher nur Glück war. Hätte ich es bei TripAdvisor gebucht, dann hätte ich einen Preis von knapp 130 Euro gezahlt. Das Angebot war also unschlagbar.

Als es dann 00.00 Uhr wurde, sah ich nacheinander vier Raketen in den Himmel steigen und eine Reihe von Polizeiautos fuhr durch die Stadt. Sie schalteten ihre Sirenen ein und begrüßten auf diese Weise das neue Jahr. Das wars. Darüber war ich weder verärgert noch verwundert. Ich bin kein Fan von Raketen und dem lauten Geknalle eben dieser. Und außerdem – wie sollen sich Menschen in einem armen Land so etwas leisten? Es gibt so viel Wichtigeres, und das haben die Bengalen offensichtlich begriffen. Anstatt Feuerwerk in die Luft zu schießen, saßen sie wahrscheinlich mit ihren Familien beisammen und genossen die gemeinsame Zeit. Für mich war es eine sehr ruhige Silvesternacht und außerdem auch die letzte in Sylhet. Mein Tag war aber unfassbar schön und so ging ich mit vielen neuen Erkenntnissen und voller Neugier auf den nächsten Tag zu Bett. Diesmal wollte ich etwas früher aufstehen, um für das Frühstück mehr Zeit zu haben und einen Kaffee trinken zu können. Und das ist mir am nächsten Morgen auch gelungen.

Der Neujahrstag war Feiertag in Bangladesch. Das heißt aber nicht, dass die Straßen leer sind, darum war ich am nächsten Tag noch mal spazieren. Ich ging ein paar Straßen entlang, aber nicht sehr weit. Die meisten Marktstände waren geöffnet und trotz des Feiertages bot sich mir an jeder Ecke etwas zu sehen. Ich probierte ein paar frittierte Süßspeisen, die ich bislang noch nicht kannte, um dann festzustellen, dass die meisten sehr ähnlich schmecken.

Nach meinem Spaziergang ging ich zurück ins Hotel und blieb dort bis zum nächsten Tag.

Am Morgen ging ich wieder im Hotel frühstücken. Als ich um 10.00 Uhr hinunterging, wartete der Fahrer bereits auf mich. Diesmal war es ein anderer, mit einem Jungen von etwa 15 Jahren als Beifahrer. Das wunderte mich nicht. Ich dachte, der Junge sei mit dabei, um mir auf der Tour etwas zu erklären oder um dann das Boot zu lenken. Wir fuhren los. Bereits die Fahrt war wieder grandios. Wir fuhren vorbei an Männer, die auf den Äckern arbeiteten, an Frauen, die ihre Wäsche aufhingen und im Garten mithalfen und überall dazwischen spielten und halfen Kinder.

Bangladesch ist ein fleißiges Land, das stellte ich immer wieder fest. Wir folgten einem sehr schmalen Fahrweg, der eigentlich mehr ein Trampelpfad war, mitten durch Dörfer und Natur. Irgendwann in einem Dorf ließ der Fahrer den Jungen aussteigen. Scheinbar wollte er Freunde oder seine Familie besuchen. Unsere Fahrt ging noch ein bisschen weiter, bis wir an den Fluss Shari-Goyain kamen.

Dort standen bereits einige Floßboote und junge Männer bereit, um uns zum Wald Ratatgul zu fahren. Mein Fahrer, der Bootsmann und ich stiegen auf das Floßboot, in dem man auf einfachen Kissen saß. Wir fuhren bis zu einem Trampelpfad, um dort in ein Ruderboot aus Holz umzusteigen. Dann ging es durch den Sumpfwald. Dieser war genauso ästhetisch wie auf den Bildern. Nur, dass ich ihn nun mit all meinen Sinnen wahrnehmen konnte.

Ich hörte die Tiere in den Gebüschen, nahm das knackende Holz wahr und konnte den Duft des Sumpfwaldes in mich aufnehmen. Es roch himmlisch nach Natur, nach Urlaub und Freiheit. In dieser freien Zeit, die allein mir gehörte, wollte ich nirgends anders sein als dort. Ich genoss den Anblick der verschiedenen Grüntöne und die Vögel, die ich sehen konnte. Zwischen den dichten Bäumen sah man an Land hin und wieder Frauen kehren oder etwas sammeln und manchmal kamen Boote mit Einheimischen entgegen. Aber nirgendwo sah man andere Touristen.

Die Ruderbootsfahrt ging bis zu einem Aussichtsturm. Dort waren einige Einheimische, die nicht nur die Aussicht bestaunten, sondern auch mich. Viele wollten wieder Fotos mit mir machen, ich hingegen wollte nur die Aussicht auf mich wirken lassen. Das ganze Gebiet, durch das ich bis eben gefahren wurde, war auch von oben betrachtet sehr imposant. Ein beeindruckender Moment.

Ich wurde irgendwann von meinem Fahrer gefragt, ob ich zurück möchte und ich willigte ein. Eigentlich wollte ich noch nicht gehen, aber die Frage des Fahrers war bestimmt das Zeichen, dass es nun an der Zeit sei, wieder zu gehen. Wir stiegen zurück auf das Boot und fuhren den Flussweg durch die Mangroven zurück.

Die ganze Schönheit des Waldes nun aus der anderen Richtung zu sehen – wunderbar! Zurück am Anleger gab ich dem Bootsfahrer, der von unserem Fahrer schon das Geld erhielt, noch etwas Trinkgeld und schließlich stiegen wir ins Auto. Auf dem Weg zurück hielten wir noch einmal, damit auch der Junge vom Vormittag wieder zusteigen konnte. Schließlich stoppten wir noch an einem der Teegärten, die sich in diesem Gebiet befanden.

Man sah unendlich viel Grün, das bis in die Ferne reichte und mittendrin arbeiteten die Teepflückerinnen. Dann gingen wir inmitten der Plantagen zu einem Stand, der den besagten Sieben-Farben-Tee verkaufte. Der Tee sah unglaublich toll aus und genauso schmeckte er auch. Verschiedene Geschmacksrichtungen vereint zu einem Erlebnis für den Gaumen, süß und würzig.

Gegen 17.00 Uhr war ich wieder in Sylhet. Hungrig wie ich war, bestellte ich mir zum Abendessen

Nudeln (Reis hatte ich ja bereits am Morgen gegessen) und probierte ein türkisfarbenes Getränk aus. Dies war eine Kreation des Hauses, nichts Typisches für Bangladesch. Es schmeckte gut, fruchtig und süß. Der Geschmack erinnerte mich ein bisschen an den einer reifen Kiwi.

In dem Restaurant, das mir verglichen mit den anderen ein wenig nobler vorkam, zahlte ich auch etwas mehr als sonst, umgerechnet ca. 7,00 Euro. Nach dem Essen fuhr ich zurück und schrieb noch einmal dem netten, engagierten Mann von der Rezeption, ob er mir eine Fahrt zurück nach Dhaka organisieren könne. Als er mir die Rückfahrt für den Preis von 50,00 Euro bestätigte, legte ich mich beruhigt schlafen.

Morgens nach dem Packen ging ich noch schnell etwas frühstücken. Ein letztes Mal genoss ich die Aussicht über ganz Sylhet von der Hotelterrasse aus und ging dann hinunter zu meinem Fahrer. Es lag nun eine lange, mehrstündige Fahrt vor mir. Aber dank der vielen Eindrücke, die dieses wunderbare Land mir präsentierte, wurde es mir nicht langweilig. Um eine Abkürzung nach Dhaka zu nehmen, fuhr der Fahrer durch ein kleines Dorf. Dort sah man, wie die armen Menschen wohnten und die Kinder spielten. Auch die Felder, an denen das Dorf lag, konnte ich erblicken. Es war wahnsinnig interessant und all die neuen Eindrücke erstaunten mich sehr und zogen mich in ihren Bann.

ANDERE BELIEBTE REISEZIELE IN BANGLADESCH

Bekannt ist Bangladesch auch für den längsten Strand der Welt. Dieser trägt den Namen Cox's Bazar, ist stattliche 120 km lang und liegt nur 150 km südlich von der bekannten Hafenstadt Chittagong am Golf von Bengalen. Der Strand ist eines der beliebtesten Reiseziele in ganz Bangladesch. Und das nicht nur bei den Touristen, sondern viel mehr auch bei Einheimischen selbst. Es lohnt sich außerdem, eine Tour in den nahe gelegenen Nationalpark Himchari sowie in den Dulhazra Safari Park zu unternehmen und das buddhistische Kloster Aggmeda Chyang zu besichtigen.

Viele Menschen reisen in Bangladesch auch in die Stadt Chittagong, die mit ihren 2.592.439 Einwohnern die zweitgrößte Stadt des Landes ist. Dort befinden sich der Padenga Strand und der künstlich erschaffene Foys See, der von grünem Wald umgeben ist.

In den Sunderbans, den größten Mangrovenwäldern der Erde, kann man den vom Aussterben bedrohten Bengaltiger und eine überaus artenreiche Tierwelt beobachten. Die Mangrovenwälder umfassen ein Gebiet von etwa 10.000 km². Davon liegen etwa 6000 km² in Bangladesch und 4000 km² im indischen Bundesstaat Westbengalen. Ebenfalls wilde Natur kann man in Bandarban erkunden.

Im nördlichen Teil des Distrikts Bandarban liegt die Distrikthauptstadt am Ufer des Flusses Sangu. In ganz Bandarban kann man viele Tempel besuchen und Touren durch die hügeligen Wälder bis nach Rangamati unternehmen. Außerdem werden viele Bootstouren auf den Flüssen am Rand der Waldgebiete angeboten. Ebenfalls empfehlenswert ist ein Besuch in Dinajpur.

Die Stadt wurde 1786 gegründet und ist Teil der Division Rangpur. Dort kann man der Geschichte Bangladeschs in verschiedenen Museen und Tempeln auf den Grund gehen. Dinajpur ist eine Distrikthauptstadt und lieg 413 Kilometer von der Landeshauptstadt Dhaka entfernt.

Der Abschied aus Bangladesch

Nach meiner Ankunft aus Sylhet blieben mir noch zwei letzte Tage in Dhaka. Am vorletzten Tag wollte ich noch einige Sachen für zu Hause besorgen und mir noch einmal ein Bild von Dhaka machen. Und am letzten Tag sollte ich noch einmal Shawn treffen, der noch einen Rundgang durch die Textilfabrik, in der er arbeitet, organisiert hatte.

Ich war von morgens bis abends unterwegs und lernte wieder ganz andere Teile Dhakas kennen, die mir neue und faszinierende Eindrücke boten. Weil ich bisher nur Märkte gesehen hatte, wollte ich mir gerne noch das Kaufhaus ansehen, von dem Shawns Freundin schwärmte. Das Einkaufszentrum fiel mir bereits beim Vorbeifahren ein paar Mal ins Auge, weil davor ein Rummel aufgebaut war.

Da es unweit vom Hotel lag, beschloss ich, gleich am Morgen dort hinzufahren. Die ersten Meter ging ich zu Fuß und kaufte mir als Andenken für zu Hause noch einen Sarong. Der Stoff dafür war auf einer Rolle aufgewickelt und wurde einfach abgerissen. Dann ging ich weiter und mir folgte eine junge Frau, die total fasziniert von mir war. Sie zeigte mit dem Finger auf mich und winkte weitere Leute heran, die mir schließlich die Straßen und Stände zeigten. Irgendwann war mir das Ganze aber doch zu viel und ich beschloss, mir ein Tuk-Tuk zu nehmen, dass mich zum Kaufhaus bringen sollte.

Dort angekommen musste ich leider feststellen, dass es noch geschlossen war. Auf Silvester scheinen in Bangladesch wohl zwei Tage Feiertag zu folgen. Darum ging ich danach an der Hauptstraße, in der das Kaufhaus lag, entlang und besorgte mir etwas zu essen. Danach ging ich in Dhaka in ein Kino, das trotz Feiertag geöffnet hatte. Gezeigt wurde einer der typischen Bollywood-Filme. Untypisch war allerdings das Mitfiebern der bengalischen Kinogäste. Sie schrien, klatschten und lachten laut – und das mit einer Dynamik, über die sich Deutsche wohl beschweren würden. Es war herrlich! Auch wenn ich den Dialog nicht verstanden hab, war es für mich einer der aufregendsten Filme, die ich bislang gesehen habe. Die Emotionen des Publikums setzten sich auch in mir frei.

Als ich am Abend zurück im Hotel war, klopfte es plötzlich. Ein Hotelmitarbeiter stand vor mir, in der Hand einen großen Teller mit Reis, Gemüse und Hähnchenfleisch und dazu noch eine Süßspeise, bestehend aus Süßkartoffeln. Dies war ein Dankeschön des Hauses, weil ich mich ein zweites Mal für das Hotel „Contemporary Heights" entschieden habe. Eine herzliche Geste, die ich noch in keinem anderen Land erlebt habe und mir eine große Freude war.

Am nächsten und letzten Tag in Bangladesch hatte ich ein wenig Zeitdruck. Ich wollte mir noch eine Textilindustrie ansehen und musste 19.00 Uhr schon auf dem Weg zum Flughafen sein. Darum machte ich mich gleich morgens auf den Weg, um ein Tuk-Tuk zu organisieren, dass mich zu der Adresse, die Shawn mir mitgeteilt hat, fahren sollte. Der Fahrer fuhr 11.00 Uhr los und wir erreichten ca. 11.30 Uhr unser Ziel. Ein Büro der Firma, aber nicht die Manufaktur selbst. Also stellte ich fest, dass ich falsch war. Einer jungen Frau im Büro erklärte ich, wo ich hinmöchte und sie rief Shawn an und fragte, ob das stimmte. Danach rief sie mir ein Uber, aus dem ich nach ca. 40 Minuten zusätzlicher Fahrtzeit an der richtigen Adresse ausstieg.

Shawn und sein Arbeitskollege standen bereits draußen, um mich zu empfangen. Das Tor ging auf und eine lange Reihe von Frauen liefen hinaus. Shawn meinte, jetzt haben alle Mittagspause und auch wir gingen erst mal etwas essen, sein Arbeitskollege lud uns ein. Genau wie Shawn war auch er ein sehr aufgeschlossener junger Mann, der deutsche Vokabeln lernen wollte. Er fragte mich bei vielen Dingen nach der deutschen Übersetzung und wiederholte meine Worte sehr gut. Er lernte schnell. Generell kann ich sagen, dass ich in Bangladesch fast nur klugen Menschen begegnet bin, die schnell gelernt haben und mir sehr geduldig etwas zeigten. Es war immer ein Geben und Nehmen. Wir drei teilten uns verschiedene Reisgerichte mit Gemüse und Fleisch und plauderten über meine letzten Tage in Sylhet und Bogra.

Dann gingen wir zurück in die Manufaktur und ich wurde herumgeführt. Zuerst sah ich mir die Büros an. Wir kamen hinein und inmitten der Arbeit trommelten und sangen die Kollegen miteinander.

Sie lachten, lebten ohne Stress, machten das Beste aus allem und waren doch schneller und flinker als manch ein Europäer. Dann zeigten sie mir Konferenzräume, in denen Ausstellungsstücke von Kinderkleidung hingen. Sie boten mir an, etwas zu kaufen und weil eine gute Freundin von mir gerade ein Baby erwartet, suchte ich eine moderne Latzhose, ein Hemd und ein T-Shirt aus, das ich zum Schluss bezahlen wollte.

Die Sachen waren gut verarbeitet und sehr hübsch. Sie wirkten wie typische Ware für H&M, nur hochwertiger. Dann gingen wir zu den Näher*innen und sahen uns an, wie sie die Kleidungsstücke produzieren. Sie waren alle sehr konzentriert bei der Sache. Bis ein Kleidungsstück fertig ist, sind viele Arbeitsschritte nötig und daher hatte die Manufaktur auch verschiedene Abteilungen.

In der einen Abteilung wurden mit Maschinen, die mit der Hand zu betätigen sind, Motive auf T-Shirts gedruckt, in der anderen wurden T-Shirts und Hemden mit Nähmaschinen zusammengenäht und in wieder einer anderen suchten die Frauen nach Fehlern und schnitten überschüssige Fäden ab. Um nach Fehlern zu schauen, wurden die Sachen über eine runde und beleuchtete Plastiksäule gestülpt. So konnten die Näher*innen perfekt erkennen, ob noch irgendwo Löcher vorhanden sind.

Aufgeteilt auf sieben große Hallen kamen die Näher*innen zusammen, um sich ihren Lebensunterhalt zu verdienen. Shawn erklärte mir, dass die Frauen in dieser Manufaktur 10 Stunden pro Tag arbeiten und dass es aber auch schlimmere Arbeitsverhältnisse in anderen Firmen gibt. Ich war erstaunt, wie produktiv, schnell und genau alles hergestellt wird. Zum Schluss der Führung gingen wir noch mal in einen der Konferenzräume.

Dort plauderten wir noch ein bisschen und Shawn rief mir ein Uber, das mich zurück zum Hotel bringen sollte. Ich nahm die Babysachen für meine Freundin entgegen und fragte nach dem Preis, aber sie bestanden darauf, sie mir zu schenken. Es wäre für sie eine Beleidigung gewesen, Geld dafür zu nehmen. Der Kollege von Shawn schwärmte, während ich wartete, von Deutschland. Er meinte, es sei sein großer Traum, in Frankfurt, Berlin oder Hamburg zu studieren. Seine Augen strahlten bei der Vorstellung von Deutschland, vor der mir nun wiederum graute.

Wenn sie wüssten, wie hart der Alltag in Deutschland ist, dachte ich im Stillen. Dennoch habe ich auch eine Vorstellung davon bekommen, wie hart er wohl auch in Bangladesch sein muss. Und dann gibt es die Menschen, die es schaffen, dem Ganzen hier nach Deutschland zu entfliehen. In Bangladesch werden diese Menschen als Fremde missachtet. Unser Globus ist traurig und ungerecht und nur wir selbst können dies verändern.

Als mein Uber kam, schlich sich so langsam ein trauriges Gefühl ein. Nun hieß es Abschied nehmen von diesen liebevollen Menschen, die mir mit ihrem Humor, ihrer aufgeschlossenen Art und ihrem Interesse, mir etwas zu zeigen, immer wieder ein Lachen ins Gesicht zauberten. Ich verabschiedete mich herzlich von den beiden. Besonders von Shawn fiel mir der Abschied schwer. Ich drückte ihn fest und sagte ihm, dass wir uns wiedersehen werden. Er drückte mir noch ein Geschenk in die Hand, womit ich im Leben nicht gerechnet hätte.

Ich sollte es erst später öffnen und so fuhr mein Uber los. Wir winkten uns noch zu, bis wir uns nicht mehr sehen konnten. Dann öffnete ich das Geschenk und darin befand sich das gemeinsame Bild vom Shawns Familie mit mir, dass zu Weihnachten entstanden ist. Mir kullerten viele Tränen die Wangen hinunter. Auf der Rückseite des Bilderrahmes stand „We are family"!

Mein persönliches Fazit ist, dass ein Land, in dem die Menschen so fleißig arbeiten, damit wir bei uns so bunt leben und angezogen sein können, mehr Respekt in Form von Unterstützung und Entlastung verdient! Dafür kann schon jeder Einzelne etwas tun, indem er an sich arbeitet, schaut, woher seine Kleidung kommt und weniger schnell zu etwas Neuem greift.

Denn wenn wir hier eine Bewusstheit für unseren Konsum erlangen und weniger konsumieren, werden weniger Aufträge nach Bangladesch gegeben und das Land erfährt Entlastung. Gleichzeitig sollte man sich dafür einsetzen, dass die Löhne höher gesetzt werden, damit sich die Menschen dort ernähren können. Man sollte für Kleidung mehr bezahlen und nicht unterstützen, dass ein T-Shirt bei uns nur 5,00 Euro kostet.

Vielleicht mögen Sie nun auch eine Reise nach Bangladesch unternehmen, damit Sie fühlen können, was ich empfinde - Dankbarkeit und die Motivation, für Gerechtigkeit zu sorgen. Bangladesch hat so viel Schönes zu bieten und ist bevölkert von Menschen, die es nicht verdient haben, dass man sie ausbeutet. Die Einheimischen tun alles dafür, um sich gegenseitig zu unterstützen, damit sie sich am nächsten Tag wieder in die Augen schauen können, denn sie müssen sich am Leben erhalten! Das tun sie, indem sie unbemerkt unsere deutsche Welt gestalten. Und was tun wir für sie? Wir schauen weg. Aber wir Menschen teilen uns doch kein gemeinsames Land, sondern einen gemeinsamen Planeten.

Schauen Sie hin und genießen die Natur, vielleicht den längsten Strand der Welt oder die Mangroven und unterstützen Sie dort die Menschen auf Ihren Wegen. Ihre ausgewählten Restaurants verdienen an Ihnen, jeder wartende Rikscha-Fahrer hat einen Fahrgast mehr am Tag und jedes beinahe leer stehende Hotel einen Schlafgast mehr. Damit unterstützten Sie Bangladesch und bekommen mehr zurück als je zu bezahlen ist!

Wie sind die Menschen?

W as die Menschen hier glücklich macht, ist das Beisammensein. Keiner ist allein, die Menschen treffen sich auf den Straßen oder leben dort in oft selbst gebauten, kleinen Hütten. Sie spielen Karten oder musizieren, sie unterstützen sich, verbarrikadieren sich nicht und kümmern sich nicht nur um die Familie, sondern um ihr Land. Sie führen keine – vielleicht auch unbewussten – Konkurrenzkämpfe mit den Dingen, die sie besitzen. Aufgrund der schlechten Bedingungen und Versorgungen leben sie am Limit. Sie vergleichen sich nicht mit anderen, weil sie ähnliche Bedingungen teilen. Sie müssen überleben! Auch wenn einige der Menschen dort Wohnungen haben und andere nicht, fühlt sich keiner dem anderen überlegen.

Die meisten Einheimischen sind sehr intelligent, weil hier Bildung wahrer Luxus ist. Außerdem ist Fleiß, auch schon in sehr jungen Jahren, die Grundvoraussetzung dafür, um unter den ausbeutenden Bedingungen arbeiten und leben zu können. Wer fleißig ist, schafft hier alles, was verlangt wird. Uns hilft Fleiß, um unsere Karriere voranzutreiben, bei uns wird jedem finanziell geholfen. In Bangladesch ist Fleiß aber der Preis, um zu überleben. Und wenn die Menschen einander haben, gemeinsam musizieren, essen und trinken können, dann reicht ihnen das, um ein Gefühl von Glück zu empfinden.

„Du gibst deinen Teil vom Glück zurück, verschleuderst haltlos dein Vertrauen und du zierst dich nicht" – diese Zeilen, die Herbert Grönemeyer in seinem Lied „Bist Du da" singt, passen zu den Bengalen. In dem Lied geht es natürlich nicht um Bangladesch, aber um Menschen, die füreinander da sind. Und so empfand ich auch den Umgang der Einheimischen mit mir als Tourist und untereinander.

Kleinigkeiten haben hier große Wirkungen und als Tourist ist es ein einzigartiges Erlebnis, dies mit anzusehen. Wir Europäer haben uns an einen Standard gewöhnt, weil wir in diesen hineingeboren wurden und nun das Wesentlichste übersehen. Die Bengalen vermitteln einen anderen Blick auf die Welt. Und dieser muss von uns gespürt werden, damit wir auch in Deutschland zufriedener werden.

Der Bekannte, der uns den Kontakt zu dem Studenten vermittelt hat, bestätigt: „Sie sind ausgesprochen nett, freundlich, hilfsbereit und überaus gastfreundlich, sodass es einem fast schon peinlich ist! Sie sind ähnlich ungehemmt auf Tuchfühlung wie die Inder, aber irgendwie freundlicher, netter und ernsthaft interessiert. Sie sind begeistert und stolz, dass wir ihr Land besuchen! Und trotz ihrer Armut, der sie sich bewusst sind und durch mehr Bildung als man denkt, fangen sie nicht an zu betteln, nicht mal die Kinder! Im Gegenteil- wir bekommen mehrmals Tee ausgegeben und sie rennen einem hinterher, wenn man versehentlich Wechselgeld hat liegen lassen!"

Dennoch gibt es Bettler in Bangladesch, aber nicht in dem Ausmaß wie in Indien oder anderen Dritte-Welt-Ländern.

Tipps

Auch wenn einem hin und wieder Bettler und auch bettelnde Kinder begegnen mögen, würde ich Ihnen dazu raten, diesen kein Geld zu geben. Darum kümmern sich Einheimische mit etwas mehr Verdienst.

Vor Betteleien sollte man als Tourist möglichst Abstand halten, so schwer es Ihnen auch fallen mag. Denn geben Sie etwas, wirkt sich dies negativ auf die Menschen und sie lernen nur eines - der weiße Mensch gibt. Es schädigt die Nationen in extremer Form, sodass sie nur auf Betteln und Nehmerqualitäten geeicht werden und nicht mehr in der Lage sind, sich selbst Existenzen und Wirtschaften

aufzubauen. Auch Regierungen lehnen sich dann zurück. Es werden auch kleine Kinder oder Kinder mir
Verletzungen auf die Straße gesetzt. Man kann da-
hinter nur Schlimmes erahnen.

Die Bengalen sind anständig, hauptsächlich wegen ihrer muslimischen Prägung. Sie haben es nicht
verdient, genau wie die Länder, in denen der Tourismus verbreitet ist (und Einheimische nun auf das
Betteln konditioniert sind), negativ beeinflusst zu
werden. Sie als Urlauber helfen dem Land finanziell
schon allein mit ihrer Anwesenheit, indem sie dort
essen, trinken, etwas kaufen und sich von Fahrern in
jeglichen Transportvarianten von Ort zu Ort bringen
lassen. Sie helfen den arbeitenden Menschen, die
sich mühen, um zu überleben. Auch gegen ein kleines Trinkgeld ist nichts einzuwenden.

Es wird höchstwahrscheinlich vorkommen,
dass man Ihnen Tee und andere gastfreundliche Ges-
ten anbietet. Ich würde Ihnen ans Herz legen, diese
auch anzunehmen. Die Menschen geben es gern.
Lehnt man die angebotenen Dinge ab, kränkt man
sie in ihrem Stolz. Die Einheimischen wissen, dass
Bangladesch als armes Land gilt, darum wirkt es
überheblich, ihre Gaben abzulehnen. Es sollte dann
ein Geben und Nehmen sein. Wenn Ihnen etwas angeboten wird, dann können Sie etwas zurückgeben.

Seien Sie freundlich und geduldig. Für den Verkehr kann der Fahrer, in dessen Rikscha oder Auto Sie sitzen, nun wirklich nichts. Es ist das Land, das wir, wenn wir es auch nicht immer bemerken, dennoch brauchen.

Auch wenn manche Situationen merkwürdig erscheinen, können Sie den meisten Bengalen vertrauen. Sie sind sehr offen – ein Charakterzug, der unsereins zuerst vielleicht misstrauisch macht. In der Tat sind die Menschen aber nur daran interessiert, Ihnen das Land zu zeigen und sicherlich auch Geld zu verdienen – dass aber mit einer fairen Dienstleistung, die Sie natürlich auch ablehnen dürfen.

Vor einer Fahrt sollte man sich alle Adressen der gebuchten Hotels und Reiseziele ausdrucken. So kann man diese schnell mal herausholen und vorzeigen, um den Menschen trotz der bestehenden Sprachbarriere besser verständlich machen zu können, wo man hinfahren möchte.

Trotz ihrer Bildung verstehen viele Einheimische kein Englisch. Es gibt dort zwei Arten von Englisch-Sprechern: Die einen, die sich immer aus einer Menge hervortun, aber kein oder nur sehr schlecht Englisch sprechen, es aber dennoch gern probieren. Die andere Gruppe besteht aus den vielen jungen

Leuten. Mit denen kann man wirklich Englisch sprechen und hilfreiche Infos bekommen. Da viele Einheimische aber gar kein Englisch sprechen, empfehle ich Ihnen von Langenscheidt das „Ohne Wörter Buch". Dies beinhaltet alle möglichen notwendigen Bilder, die man dann je nach Situation zeigen kann und die jeder versteht.

Da die meisten Menschen in Bangladesch Moslems sind, sollten Sie immer darauf achten, Knie und Schultern möglichst bedeckt zu halten, um auf diese Weise den Einheimischen und deren Glauben mit Respekt zu begegnen. Das gilt sowohl für Frauen als auch für Männer.

Beim Essengehen sollten Sie unbedingt darauf achten, dass Sie wegen des verunreinigten Wassers nur Getränke ohne Eiswürfel bestellen. Vergewissern Sie sich zudem auch immer, dass die Wasserflaschen fest verschlossen sind. Das Wasser, das Sie in den Hotels bekommen, können Sie in der Regel bedenkenlos trinken.

Möchten Sie eine Mahlzeit an einem der Straßenstände kaufen, dann wählen Sie den Stand aus, an dem die meisten Menschen anstehen. Dort können Sie sicher sein, dass die Pfanne besonders heiß ist und die meisten Bakterien getötet werden.

Die meisten Bengalis sind sehr lernbereit. Also bringen Sie ihnen ruhig ein „Hallo" bei oder lassen Sie die Bengalen etwas in Ihrer Sprache nachsprechen. Sie freuen riesig darüber, von Ihnen zu lernen.

Legen Sie Ihren Fokus nicht auf die Armut und vergleichen das Land mit Ihrem eigenen, denn die Menschen kennen unseren Luxus nicht. Fragen Sie sich lieber, wie Ihre Möglichkeiten stehen, helfen zu können.

Man liest immer mal, dass es gefährlich sei, in Bangladesch zu reisen. Das können die Menschen, die bereits dort waren, allerdings nicht bestätigen. Gefährlich ist der Verkehr. Also seien Sie als Fußgänger sehr aufmerksam. Und seinen Sie sicherheitshalber nicht mehr nachts unterwegs, da Gangster, die es in jedem Land gibt, häufiger nachts ihr Unwesen treiben. Am Tag ist es sicher. Lassen Sie sich lieber für wenig Geld von einem Fahrer jeglicher Art von Ort zu Ort bringen, anstatt im dortigen Straßenverkehr lange Strecken zu Fuß zu gehen. Kurze Strecken, beispielsweise zu Märkten, kann man jedoch mit gehen, wenn man aufmerksam ist.

Nehmen Sie auch für den Fall eines Raubs nie ihr ganzes Geld mit. Sie werden nie besonders viel brauchen. 50 Euro reichen auf jeden Fall für einen Tag aus. Verstauen Sie den Rest sicher im Hotel. Es bietet sich auch an, Ihr Geld auf verschiedene Taschen zu verteilen.

Tauchen Sie als Mensch einfach mal ab in eine andere Kultur. In kaum einem Land gibt es mit Einheimischen einen so herzlichen Austausch mit herzerwärmendem Geben und Nehmen auf Augenhöhe – von Mensch zu Mensch. Die Einheimischen freuen sich und sind stolz, dass Sie sich trauen, sie in Ihrem Urlaub zu besuchen. Und Sie werden sehen, spüren und erleben – in diesem Rahmen wird all das stattfinden, was Sie suchen.

Mögliche Touren

Man kann eine Reise durch Bangladesch auch über Reiseunternehmen buchen. Das ist bedeutend teurer, dafür aber komplett durchorganisiert und außerdem bietet dies mehr Sicherheit. Der große Nachteil ist allerdings, dass man weniger flexibel ist.

Eine Bekannte von mir arbeitet zum Beispiel bei dem Unternehmen „Chili Reisen", welches zweimal im Jahr Rundreisen nach Bangladesch für fünf bis zwölf Teilnehmer anbietet. Die meisten Rundreisen dauern 23 Tage und kosten 3595 Euro pro Person. Dort werden alle bekannten Sehenswürdigkeiten im Land angereist. Auf diese Weise bekommt man einen allumfassenden Einblick, wie Bangladesch lebt und kann die vielfältige Natur bestaunen.

Die Anreise erfolgt von Frankfurt aus, der Zielflughafen ist in Dhaka. Erinnern Sie sich? Dies war auch meine Anreiseroute, von der ich Ihnen berichtet und die ich Ihnen empfohlen habe. In Dhaka startet das Unternehmen die Rundreise. Von dort aus geht weiter es in eine der ältesten Ruinenstädte, das nördlich liegende Mahasthangarh. Dort befindet sich auch das ehemals größte buddhistische Kloster, das südlich des Himalayas liegt.

Sie besuchen das UNESCO Weltkulturerbe Paharpur und anschließend werden Sie mit dem Boot die dichten Mangrovenwälder der Sundarbans erkunden. In diesem Gebiet können Sie die reiche, natürlich vorkommende Tierwelt entdecken und diesbezüglich viele Informationen und Eindrücke sammeln. Das nächste Ziel ist Srimongol, wo riesige, tiefgrüne Teeplantagen auf Sie warten.

In dieser Bergregion, die an Indien grenzt, leben verschiedene Stämme wie die Monipuri, die Khasia oder die Marma, welchen Sie begegnen werden. Der letzte Stopp der Reise geht für Sie zum längsten Strand der Welt in Cox's Bazar. Von dort geht es zurück nach Dhaka, um am nächsten Tag zurück nach Frankfurt zu fliegen.

Im Preis enthalten sind die Flüge, die Unterkünfte, die Transfers sowie die Inlandflüge, die deutschsprachige Reiseführerin sowie alle in der Tour enthaltenden Eintritte und Ausflüge. Selbst aufkommen müssen Sie für das Visum, die Mahlzeiten und andere notwendige Dinge, um sich zu versorgen sowie für eine Reiseversicherung. Möchten Sie sich Souvenirs mitbringen, sollten Sie auch dafür Taschengeld und ein bisschen zusätzliches Trinkgeld einplanen.

Es ist verrückt, aber dennoch nicht unmöglich. Ein Bekannter ist sogar mit dem Fahrrad durch Bangladesch gereist. So hat er sich vollkommen unabhängig gemacht und konnte anhalten und lang fahren, wo immer er wollte. Reist man auf diese Art, kommt man den Menschen besonders nah.

Man lernt das Land und die Einheimischen noch viel intensiver kennen, da man mit dem Fahrrad an Orte und Stellen gelangen kann, an die einem kein Fahrer der Welt bringt. Wer sich auf dieses Abenteuer einlässt, sollte es allerdings gewohnt sein, lange Strecken mit dem Fahrrad zurückzulegen und außerdem schon mal in Asien gewesen sein, um eine Vorstellung zu bekommen, worauf man sich einlässt.

WISSENSWERTES ZUSAMMENGEFASST

Preise pro Person:
- Hin- und Rückflug: ca. 1.000,00- 1.500,00 Euro (im Internet)
- Übernachtungen: ca. 35,00 Euro pro Nacht
- Ausflüge zwischen 20,00 und 50,00 Euro inkl. Transfer
- Essen und Trinken: 5,00 – 10,00 Euro pro Tag
- Transfers für längere Strecken: ca. 50,00 Euro
- Kurze Strecken mit Tuk-Tuk, Rikscha oder Taxe/ Uber: ca. 1,00 – 2,00 Euro pro Stunde

Wissenswertes:
- Man bezahlt in Taka oder Dollar, Geld möglichst vorher umtauschen.
- Das Wasser ist verunreinigt, also darauf achten, dass Wasserflaschen verschlossen gekauft werden.
- Alkohol gibt es gar nicht oder nur sehr selten (muslimisch geprägtes Land).
- Beim Tragen kurzer Hosen sollten Knie bedeckt sein.
- Visum beantragen (siehe oben).
- Ausflüge besser vor Ort in den Hotels organisieren lassen, da dies günstiger ist.

- Aufgrund des unübersichtlichen Straßenverkehrs lieber fahren lassen als zu Fuß gehen.
- Preise sind grundsätzlich im ganzen Land sehr günstig, mit 10,00 – 25,00 Euro pro Tag kann man etwas unternehmen und sich versorgen.
- Kleidung gibt es sehr günstig in guter Qualität. Wer nicht viel Reisegepäck mitschleppen möchte, kann sich dort unterwegs jederzeit für 2,00 – 7,00 Euro Hosen, Hemden, T-Shirts etc. kaufen und es ggf. wieder im Land lassen und spenden.

Packliste

Geld & Finanzen

O (evtl.) Auslandswährung
O Bargeld
O Bauchtasche
O Brustbeutel
O Bauchtasche
O EC-Karte
O Kreditkarte
O Notfall-Telefonnummern der Banken
O Portmonee

Hygiene

O Haarbürste / Kamm
O Deo (klein)
O Shampoo
O Kulturtasche
O Sonnencreme
O Taschentücher

O Reise-Zahnbürste und Zahnpasta
O Verhütungsmittel

Kleidung

O Badeklamotten
O Gürtel
O Hosen kurz / lang
O Mütze / Cap / Hut
O Pullover
O Regenjacke
O Schlafanzug
O Socken
O Sonnenbrille
O Sportklamotten / Jogginghose
O T-Shirts
O Unterwäsche

Medikamente

O Blasenpflaster
O Anti-Durchfalltabletten
O Erste-Hilfe-Set

O Fiebertabletten
O Fiebertabletten
O Mückenschutz
O sonstige Medikamente
O Pflaster
O Kopfschmerztabletten

Unterlagen & Papiere

O ADAC Unterlagen
O Adresslisten für Postkarten
O Krankversicherungsnachweis
O Stadtplan
O Führerschein
O Unterlagen für die Unterkunft
O Wasserdichte Hülle für Reiseunterlagen
O Impfausweis
O Mietwagenunterlagen
O Personalausweis
O Reisepass
O Reisetagebuch
O evtl. Studentenausweis

O evtl. Visum
O Zug- / Bahn- / Flugticket

Taschen & Rucksäcke

O Koffer / Trolley / Reisetasche
O Regenhülle für Rucksack
O Rucksack

Schuhe

O Badeschlappen / Hausschuhe
O Schuhe und Wechselschuhe

Sonstiges

O Brille / Kontaktlinsen und Etui
O Buch zum Lesen
O Ohrenstöpsel und Schlafmaske
O Regenschirm
O Reisedecke
O Wasserflasche
O Wörterbuch

Elektronik

O Digitalkamera
O Handy
O Ladekabel
O Kopfhörer
O evtl. Steckdosenadapter
O Power-Bank

Herstellung und Verlag:
BoD – Books on Demand, Norderstedt
ISBN: 9783752608878

© Bianca Grapengeter 2020
1. Auflage
Kontakt: Psiana eCom UG/ Berumer Str. 44/ 26844 Jemgum
Covergestaltung: Fenna Larsson
Coverfoto: depositphotos.com